GOVERNAÇÃO PARA O BEM-ESTAR

A MUDANÇA DO *STATU QUO* PARA UM FUTURO SUSTENTÁVEL

GOVERNAÇÃO PARA O BEM-ESTAR

A MUDANÇA DO *STATU QUO* PARA UM FUTURO SUSTENTÁVEL

2024

João Paulo Magalhães

ALMEDINA

GOVERNAÇÃO PARA O BEM-ESTAR
A MUDANÇA DO *STATU QUO* PARA UM FUTURO SUSTENTÁVEL

AUTOR
João Paulo Magalhães

EDITOR
EDIÇÕES ALMEDINA, S.A.
Avenida Emídio Navarro, 81, 3D – 3000-151 Coimbra
Tel.: 239 851 904 · Fax: 239 851 901
www.almedina.net · editora@almedina.net

REVISÃO
Raquel Couto

DESIGN DE CAPA
EDIÇÕES ALMEDINA, S.A.

PAGINAÇÃO
Rosa Baptista

IMPRESSÃO E ACABAMENTO
???????

janeiro, 2024

DEPÓSITO LEGAL
...?????.........

ISBN
978-989-40-1739-4

ALMEDINA | GRUPOALMEDINA

ÍNDICE

NOTA INTRODUTÓRIA

Este livro é um produto inacabado, o que não poderia ser de outra forma considerando a normal incerteza do futuro e a esperada capacidade de enfrentar os desafios que tornem este futuro sustentável para as gerações atuais e futuras. Este livro também é sobre política, economia, pessoas e a vida no geral, surgindo como uma reflexão individual a partir do meu percurso profissional que me proporcionou vários contactos com diferentes pessoas e níveis de governação, em que a coerência, alinhamento, tolerância e cooperação são dificuldades constantes do quotidiano. Este livro é também um exercício de pensamento de um jovem que não se conforma com o rumo atual das coisas e que perceciona a necessidade de provocar mudanças grandes e pequenas que impliquem uma melhoria significativa da vida das pessoas em todo lado. A minha geração tem a oportunidade de estar exposta às realidades transformadoras dos últimos 30 anos, enquanto ao mesmo tempo foi capaz de absorver cognitivamente e educacionalmente a revolução digital da Internet e das redes sociais, adquirindo competências e compreensão social de mudanças para um futuro mais próspero e com maiores oportunidades. Compreende, regra geral, o valor da coletividade para fazer este caminho, sendo menos alvo da influência das narrativas individualistas, ao ver-se confrontado com as dificuldades de conseguir satisfazer as suas expectativas em termos do que o mundo tem para oferecer.

O facto de ser médico de saúde pública talvez tenha alguma responsabilidade pela necessidade em refletir e verbalizar os hiatos atualmente existentes e possíveis caminhos futuros, evitando os cenários mais catastróficos que atualmente a ciência tem feito emergir. Desde a minha formação em medicina, e durante o período do meu internato médico de saúde pública, pude percorrer vários níveis de decisão nacionais e internacionais, o que me fez ver confrontado com os mesmos desafios perante a tomada de decisão. A principal diferença esteve sempre apenas na abrangência do impacto dessas mesmas decisões, uma vez que a responsabilidade e ética permanecem sempre as mesmas, tratando-se de uma pessoa, de 10 ou 300 milhões. No entanto, é precisamente a partir daqui que se sente a necessidade de mudança dos critérios que regem as organizações sociais, que estão na base das decisões e dos resultados e impactos tanto esperados como efetivados. Além dos efeitos observados pela crise económica de 2008, a pandemia da covid-19 veio agudizar ainda mais as desigualdades e, consequentemente, o sofrimento ou a falta de capacidade de as pessoas fazerem frente a tais choques externos. Não posso deixar de mencionar, enquanto fazia rastreio de contactos e determinava medidas de isolamento profilático a pessoas que residiam em bairros sociais e dependentes de uma economia informal, sentia verdadeiramente os seus impactos bem além dos da saúde. Num outro contexto, em que decisões difíceis tinham de ser tomadas, sobre quais as populações que teriam maior acesso a cuidados de saúde, na decisão entre os tipos de centros de saúde que deveriam ser reforçados em território português. Ou então, ainda num outro contexto, que prioridades globais deveriam ser promovidas na proteção da saúde das populações perante ameaças de doenças transfronteiriças. A par destas, como pequenos exemplos, nenhuma é mutuamente exclusiva e são influenciadas tanto vertical como horizontalmente, sendo também implicitamente determinantes e determinados pelos demais setores da sociedade.

Considerando um futuro sustentável nas suas três dimensões, social, económica e ambiental, ao longo do livro procura-se refletir sobre as perceções das pessoas, dos poderes políticos e corporativos e do setor laboral no geral, com um olhar particular para os sistemas sociais que alicerçam a promoção da equidade social. Nesta sequência, considera-se em que maneira as organizações políticas, sociais e económicas atuais não conseguem satisfazer as necessidades de grande parte das populações e de que maneira estas incapacidades estão a fazer emergir movimentos populistas e sociais que não favorecem a manutenção e transformações democráticas em todo o mundo. Considerando as contínuas crises que se vive no século XXI, há vários fatores que, desde a existência do ser humano no planeta Terra, podem e devem ser modificados, e que há mudanças profundas de pensamento crítico e de complexidade que podem ser introduzidas de forma a tornar as redistribuições de recursos e oportunidades mais justa e equitativa. Esse é aliás eticamente esperado para as gerações atuais e futuras, mas que requer uma alteração na conceção ontológica das razões e premissas dos planos traçados e das condições epistemologicamente aplicadas, como é discutido ao longo do livro.

O meu quadro mental, baseado em saúde pública, obviamente olha para as pessoas e populações com uma base de denominadores, sendo extremamente difícil realizar inferências e generalizações com base em observações pontuais. É, também, neste sentido que se tenda a desconstruir os enviesamentos narrativos que causam dissonâncias cognitivas na população, desde a conceção dos riscos ao longo da vida, até aos processos de discriminação que habitualmente são alimentados por opiniões públicas. Adicionalmente, ao discutir a saúde não como resultado final em si, mas como condição base para uma vida próspera, em que o entendimento social no acesso constitucionalmente assumido, incluindo na Carta das Nações Unidas, requer uma abordagem estruturalmente diferente na satisfação das necessidades das pessoas, mesmo antes de estas se traduzirem em atividades curativas, assim como ir além das perspetivas individuais da saúde, mas antes no seu valor coletivo. Ao compreender saúde pública como as ações concertadas da sociedade, incluindo assim os fatores políticos, sociais, económicos, ambientais, que influenciam os comportamentos adotados pelas pessoas, também se perspetiva de que forma as exposições supranacionais desafiam as capacidades dos estados soberanos em regular e controlar os riscos associados a essas mesmas exposições. Ao discutir a União Europeia como um dos sistemas intergovernamentais mais avançados, atualmente, com uma partilha de competências governativas entre os seus Estados-membros e os órgãos europeus, pretende servir de exemplo como os desafios da soberania e da integração intersectorial podem ser contornados na proteção das populações nos efeitos económicos nefastos pelo setor empresarial e corporativo, sobretudo o de natureza transnacional. A interligação dos vários fatores é essencial na formulação e manutenção da organização social em vigor, atualmente, e nas necessidades de mudar as conceções políticas que a fundamentam, incluindo o sistema financeiro mundial e as organizações governativas internacionais, como a Organização das Nações Unidas e a Organização Mundial do Comércio. O papel do sistema económico não se ajusta, atualmente, às necessidades das pessoas e encontra-se a aprofundar o hiato das desigualdades sociais com enorme impacto na qualidade de vida e bem-estar das populações, a nível global.

Assim, este livro pretende ser um ponto de partida nas reflexões necessárias e urgentes que se foquem, sempre, na qualidade de vida e bem-estar das pessoas e quais as transformações que são necessárias para fazer face à rigidez de pensamento e estrutural do mundo atual. Surge de um conjunto de leituras e investigações ao longo dos últimos anos, mas sobretudo pela minha constante procura da desordem na compreensão da complexidade e no confronto das contradições perante as conceções atuais da verdade. Ao olhar em particular para os mecanismos de governação, como a transparência e a responsabilidade partilhada, na conceção dos sistemas sociais, no flagelo das alterações climáticas e na literacia e comportamentos das populações, procura-se desconstruir e, ao mesmo tempo, construir novos enquadramentos teóricos e filosóficos, que permitam uma translação prática e política nas futuras decisões essenciais ao desenvolvimento sustentável. Apesar do pendor político das discussões, pretende também ser alicerçado no melhor corpo de evidência possível, de forma a diminuir a contaminação das objeções opinativas, pese embora também seja parte do funcionamento do pensamento do ser humano. A evolução antropogénica, incluindo as diversas organizações sociais que foram sendo observadas desde a sua existência, pretendem demonstrar que não caminhámos sempre numa lógica de melhoria contínua, como também seria de esperar. Apesar de muitos outros fatores contextuais não serem abordados neste livro, foram priorizados aqueles com maior impacto atual na qualidade de vida e bem-estar das pessoas e que continuam a ser essenciais na determinação futura da satisfação das suas necessidades. O caminho final traçado, com base nas pegadas deixadas pelo ser humano no Planeta Terra, é essencial para compreender de onde vimos, como estamos e para onde queremos ir. Fazendo jus à evolução tecnológica que ao longo dos milhares de anos mudaram a vida na Terra de forma irreversível, mantém-se prioritário considerar como esta tecnologia poderá não alterar irreversivelmente para pior este caminho, com pegadas tão nefastas que ficarão para sempre marcadas na vida de cada um.

Com espírito aberto, de crítica e reflexão, convida-se os leitores a fazerem esta viagem ao longo dos contextos, processos e conteúdos que podem modificar o mundo para melhor, pois terá de ser uma jornada que não se faz de um dia para o outro, mas terá de envolver todos nessa transformação. A população mundial encontra-se numa fase de necessidade de mudança para melhor, que não poderá estar continuamente exposta aos fatores negativos que ameaçam, ainda mais, a sua qualidade de vida e bem-estar. Este livro pretende, assim, ser um contributo para uma discussão societal e abrangente das mudanças que todas as gerações devem fazer e o papel que as novas gerações, mais irreverentes e inconformadas, podem e devem contribuir, correndo os riscos necessários enquanto gerem a normal incerteza de um futuro que se pretende mais sustentável e, assim, mais risonho.

Capítulo 1
O princípio de tudo

«O que conta na vida não é o mero facto de a termos vivido.
É a diferença que fazemos na vida dos outros.»

— Nelson Mandela

O século XXI está inevitavelmente marcado por um conjunto de desafios populacionais e societais que estão a alterar a compreensão, a resposta e a perceção das pessoas às suas necessidades. Sendo (que) qualquer sistema social e organizacional que dependem da forma como estes se adaptam aos choques internos e externos na modulação das necessidades da população, a rigidez, atualmente, em vigor, compromete a capacidade de atuar e modificar a forma bem como as abordagens aos desafios atuais e futuros. Tendo em consideração a recente história da evolução humana, os ganhos sociais obtidos desde o final da Segunda Guerra Mundial vieram, também eles conduzir à construção de narrativas dominadas pelos grandes atores globais, com foco elevado no indivíduo. A perda cumulativa dos valores comunitários e novos movimentos de êxodos rurais e concentrações urbanas, impulsionados pelos fatores comerciais e corporativos, que, num mundo aberto, ganham forças além-fronteiras dos países que se sentem cada vez mais asfixiados e permeáveis aos interesses e poderes globais[1]. A organização social em que vivemos, considerando os diferentes níveis político-administrativos que vimos a adotar há 500 anos, permite identificar países democráticos e autoritários, em que a intensidade com que cada sistema é aplicado varia ao longo do tempo, de acordo com os líderes e a sua organização político-partidária[2].

Embora os modelos de organização sociais e políticos atuais sejam aqueles melhor percecionados e estudados, nos dias de hoje tem vindo a ser questionado que outros modelos mais participativos ou os que menos distanciam a capacidade de responsabilização mútua entre a decisão política e a população. A par destes sistemas, tem-se observado nos países democráticos um crescimento de movimentos populistas, acima das tendências proporcionais observadas na população, tanto devido à crescente insatisfação com as condições de vida socioeconómicas, à dificuldade das integrações multiculturais e ao vazio deixado por um sistema político-partidário que mais tende a servir os interesses económicos e corporativos do que as necessidades dos cidadãos. O impacto geracional de uma perspetiva de sustentabilidade, enquanto garantia que as gerações futuras terão os mesmos recursos e oportunidades, é particularmente relevante. De um ponto de vista da prolongação da esperança de vida, a geração mais idosa, atualmente, está e vai, felizmente, viver mais anos. Contudo, as mudanças e o espaço para os mais novos, imensamente capacitados e que cresceram em plena revolução tecnológica, está a criar hiatos de compreensão e, consequentemente, diferentes visões de ação que, perante a ausência de espaço para decisão e/ou influência, leva a um descontentamento generalizado com os efeitos sociais e políticos previamente descritos.

Adicionalmente, vivemos numa fase caracterizada pelo crescente número e intensidade de fenómenos climáticos, tão extremos como contínuos, que se encontram a modificar os riscos de exposição a uma velocidade não concordante com a capacidade das sociedades se adaptarem às mudanças necessárias[3]. Além de maior consciencialização para os efeitos antropogénicos nos últimos 100 anos, também se observa uma maior e mais rápida veiculação das informações que ocorrem em todo o mundo, expondo quase diariamente as catástrofes que vão impactando a vida e bem-estar, desproporcionalmente, daqueles em maior privação socioeconómica[4]. Por outro lado, apesar do esforço político em assumir compromissos internacionais que tentam limitar e modificar os fatores que mais estão a contribuir para um ritmo de degradação natural, estima-se, ainda assim, que perante o desgaste natural provocado pelo ser humano, seria necessário quatro a cinco planetas Terra que suportassem os estilos de vida atuais[3]. À medida que mais países evoluem no acesso e nas condições socioeconómicas, sobretudo no continente asiático, é esperado que a produção e consumo de alimentos até 2030 aumente em 50%, a par dos resíduos produzidos e do consumo de materiais e outras matérias essenciais[5]. Focando na energia, em todas as suas formas, necessária para corresponder às necessidades populacionais, encontramo-nos numa conjuntura desfavorável sem soluções fáceis cujos fatores estruturais estão, em muitos casos, longe da capacidade de decisão da maior parte dos governos a nível mundial. Os riscos provocados pelas alterações climáticas, a par dos fatores comerciais, mencionado adiante, são o princípio dos fatores que mais expõem as populações, em todo mundo, ao risco de disrupção da saúde e bem-estar em toda a sua linha de existência. As pressões retóricas constantes, para enquadrar a discussão no indivíduo, têm levado a pensamentos pragmáticos de simples causalidade, sem ter em consideração o significado do tempo e os fatores naturais e biológicos em que se torna o ser humano social, impede-lo na interpretação, no seu todo, das causas e consequências dos principais problemas atuais.

Como referido, o crescente envolvimento do setor privado em todos os mecanismos de suportes sociais adveio, desde os anos 80, pela crescente consciencialização de que os Estados não tinham capacidade eficiente e efetiva de fazer cumprir as suas obrigações. Os ventos de mudança chegaram, essencialmente, pela Administração de Ronald Reagan nos Estados Unidos da América e pela nomeação de Margaret Thatcher como Primeira-Ministra do Reino Unido, dando início aos movimentos neoliberalistas. A decisão de partilha de risco, através das parcerias público-privadas em vários setores da sociedade, foi entendida pelo poder político, população e setor privado como o melhor caminho, tornando-se amplamente aceitável que, neste risco, o setor privado pudesse usufruir dos lucros excedentes à sua consideração. No entanto, devido ao crescimento económico-financeiro dos investimentos internacionais, em 2014 foram registados investimentos estrangeiros diretos na ordem dos 1,3 $ biliões, em comparação com 400 $ biliões a meados da década de 1990, sendo que a redistribuição dos lucros obtidos começou a concentrar-se num número cada vez menor de indivíduos, a par da incapacidade de regulação ao nível global pelos Estados[3, 6]. A criação e desenvolvimento de estruturas e atores internacionais com competência e mandato para a regulação das áreas comerciais, investimento e sistema financeiro, como a Organização Mundial do Comércio, o Banco Mundial ou o Fundo Monetário Internacional, revelam as suas fragilidades uma vez que estes mecanismos de governação se encontram amplamente reféns dos compromissos diplomáticos e negociais definidos, geopoliticamente, pelos países a nível global. Apesar da aparente ordem internacional atingida após a Segunda Guerra Mundial, com a criação da Organização das Nações Unidas e o respetivo Conselho de Segurança e os acordos de *Bretton Woods* para o novo sistema financeiro internacional, os fatores militares são, ainda, os mais poderosos como demonstrado, por exemplo, pelo conflito armado na Ucrânia, pela Federação Russa. Estas forças condicionam as relações comerciais e o *statu quo* geopolítico, quando se observa, por exemplo, as dependências de combustíveis fósseis e a contínua aceitabilidade da associação e consumo de produtos que provêm de países, cujos governos defendem políticas que não respeitam a Carta das Nações Unidas e a Carta dos Direitos Humanos, dois instrumentos de governação basilares para o bem-estar das populações, independentemente das suas localizações geográficas[6,7].

Naturalmente, de forma a fazer face ao poder desigual do setor privado lucrativo, observou-se, também, um crescimento de organizações não-governamentais com atuações transnacionais, que vocalizassem e executassem ações em prol dos interesses das populações, procurando contrabalançar o sistema governativo global numa lógica de defesa dos Direitos Humanos. No entanto, o seu âmbito de ação é continuamente limitado pela legitimidade das jurisdições de cada país que defende os seus interesses em cada momento, mesmo que não alinhados com a vontade implícita ou explícita ou, melhor dizendo, a vontade consciente ou subconsciente da sua população. Ponto este discutido mais adiante.

Neste contexto evolutivo recente de organização social e modelo governativo, o leitor poderá questionar-se como terá sido o princípio de tudo? Teremos sempre vivido num contexto de governação cujo bem-estar foi, constantemente, preterido pela preponderância de alguns, com o consequente sofrimento desproporcional dos menos capazes? A mão invisível de Adam Smith terá apenas dado corpo a uma prova existencial inequívoca? Apesar da evolução do conhecimento técnico e científico cada vez mais provar o contrário, mesmo numa situação de manutenção de poderes opressivos, absolutos ou, pelo menos, distantes que apenas podem ser moldados por grandes, insistentes ou persistentes influências, podem não determinar que o futuro se mantenha constantemente igual. Os processos evolutivos fazem parte da natureza, se considerarmos a mais simples forma biológica de evolução de uma célula procariota para uma forma celular eucariota mais avançada ou, por exemplo, para uma forma de relação social informal (cada vez mais perdida) entre um conjunto de vizinhos que habitam na mesma zona residencial e promovem ajuda mútua, seja em relação a cuidados familiares ou de bens de primeira necessidade. Numa altura da existência da vida humana marcadamente alterada em termos naturais, geográficos e organizacionais, sobretudo por força da emergência de novas tecnologias que fazem parte do quotidiano, desde que se acorda até deitar, com taxas de penetração de mais de 90%, em termos de acesso a um telemóvel, em países de baixo rendimento, como a Guiné-Bissau, até alto rendimento como os Estados Unidos da América, tudo aponta para um futuro diferente na conceção e aceitação dos valores, normas e ética organizacionais subjacentes às políticas por áreas de jurisdição produzidas, atualmente, pelos vários setores da sociedade. Enquanto, ainda, aguardamos os efeitos a longo prazo nas novas gerações que nasceram após a era das redes sociais, com longevidades a atingir 85 anos em média de esperança de vida, a compreensão da aceleração e do tempo necessitam de melhor enquadramento nos quadros que regulam os modelos governativos atuais, tendo como alvo as melhores condições de saúde, social e bem-estar.

Atualmente, observa-se uma sensação generalizada de que quaisquer decisões políticas, sejam estas definidas no sistema público por via dos órgãos de soberania, sejam ao nível corporativo por via dos órgãos executivos e de investidores, encontram-se longe das pessoas e das suas necessidades, as quais passaram a assumir um papel sobretudo de espetadores. A utilização de termos como complexidade e necessidade de maior literacia têm sido os escudos protetores dos decisores para justificar a ausência de participação ativa de todas as partes interessadas, em particular, as pessoas. Deste modo, muito se refere, atualmente, à importância da inclusão e da participação ativa, nomeadamente, pelos grupos sociais vocais que tentam fazer chegar e influenciar, dentro dos limites estatutários e, também, infelizmente, muitas vezes, com diversos conflitos de interesses, fazer o seu papel junto dos decisores[8, 9]. Por um lado, assistimos a nível privado e empresarial, a dificuldade de aceitação do papel dos sindicatos, órgão que, ainda, detém maior capacidade de promover mudanças entre os trabalhadores, dado ser detentor legal da ainda maior ferramenta laboral — a greve —, mas que, como temos assistido, é cada vez mais dissolvida na espuma dos dias, sendo rapidamente absorvida por outras preocupações que os órgãos de comunicação social definem na sua agenda (iremos voltar a este «quarto poder soberano» da sociedade mais à frente). Deste modo, as políticas empresariais contemporâneas tendem a refletir a dissonância entre os executivos e grupos de investidores e a força laboral, devido à globalização económica e à sua localização além-fronteiras que, mesmo sendo alvo de regulação na jurisdição legal onde se encontram, têm margens de manobra muito grandes e, acima de tudo, uma enorme vantagem — a possibilidade de mover os seus ativos para outra jurisdição caso os países não sejam complacentes com as suas ideologias[7].

Por outro lado, as decisões políticas são tomadas por um conjunto de personalidades e de lutas político-partidárias em que a população apenas é chamada, num intervalo de determinados anos, para exercer o seu direito de sufrágio, quando tal tem alguma influência, como é possível observar sobretudo em regimes autoritários e em países que estão a tentar fazer as suas transições democráticas sofrendo, ainda, de elevada instabilidade política com tentativas ou efetivos golpes de Estado por via das forças militares ou outras milícias e guerrilhas. Este aparente processo de participação ativa nas decisões tende-se a esgotar, então, nos regimes democráticos, nos momentos eleitorais, existindo uma sensação de entrega quase absoluta aos órgãos de soberania, a responsabilidade de governar cada país ou nível de jurisdição, existindo um sentimento de afastamento e de hierarquia decisória que abrem caminhos a políticas que poderão não estar de todo alinhadas com os melhores interesses da população. Estes modelos de participação, mesmo nos caminhos da descentralização, que veremos com maior especificidade nos casos da saúde e do setor social, não parecem conduzir a uma verdadeira maior aproximação, na medida em que mantêm os mesmos mecanismos e vias de decisão previstas nos modelos de governação atuais e processos decisórios. A pandemia da covid-19 veio provar que, em momentos em que a perceção do risco e o grau de incerteza são elevadíssimos, inaptamente o ser humano, independentemente das funções que tem, assume uma capacidade de colaboração, cooperação e solidariedade que transcendem quaisquer fatores de competitividade ou intolerância no apoio ao prximo[10]. No entanto, quando estes fatores são temporalmente desfasados, as tendências de aceleração e ganhos imediatos impedem a capacidade de manter redes sociais fortes e responsáveis. É precisamente neste ponto que mais iremos incidir ao longo deste livro, dado os mecanismos de governação clássicos encontrarem-se, por um lado, desajustados à velocidade atual dos acontecimentos, não sendo capazes de imprimir e moldar um ritmo adequado à longevidade em que vivemos e de que devemos aproveitar e, por outro, a transição digital que continua a condicionar individualmente esta aceleração ao sermos, a todo o momento, bombardeados com «o que estamos a perder» em relação ao membro familiar, ao amigo ou ao desconhecido *influencer* do outro lado do mundo.

Este ponto conduz-nos a outro princípio essencial quando falamos sobre responsabilidade partilhada, que é a transparência. O facto de as populações atualmente viverem, sobretudo, num modelo mental linear faz com que procurem relações causais diretas, abstraindo-se do pensamento complexo da busca das interações e interdependências entre os factos e as respetivas causas[11]. Por um lado, a mecanização da sociedade, nomeadamente desde a revolução industrial, criou os sistemas de produção em série, com elevado foco nos volumes que produzimos, levando às forças industriais e desenvolvendo massas sociais que evitassem o pensamento crítico, de forma a criar vantagem competitiva interna e favorecer o desenvolvimento político longe das reais perceções das pessoas[7]. A procura simples e fácil da solução ou resposta certa, leva com grande probabilidade a grandes enviesamentos, devido aos fatores equívocos que a vida natural tem e embora, aparentemente, os problemas sejam solucionáveis a curto prazo, podem acumular riscos a médio e longo prazo. Este ponto reflete a dificuldade entre, retoricamente, se discutir as abordagens fragmentadas e por silos das sociedades atuais, em que o setor da saúde é gritante pelo impacto que tem na vulnerabilidade das pessoas. Esta situação pode ser observada quando os governos de países de baixo e médio rendimentos alocam fundos financeiros, muitas vezes, por via de doadores externos, à construção de megas infraestruturas hospitalares topo de gama, enquanto mais de três quartos da população continuam sem acesso a cuidados de saúde materno-infantis e, ainda pior, não possuem recursos humanos para esse equipamento ou então colocam-nos ao serviço exclusivo do setor privado. A transparência das decisões, especialmente, quando tomadas à porta fechada ou em cúpulas reservadas, longe das populações e em particular dos seus interesses, pode perpetuar no tempo negativas consequências sociais e económicas. Tal como referido anteriormente, a ausência de transparência nas decisões política e corporativa, tem também consequências ambientais desastrosas, como as já bem relatadas e constantes na destruição da floresta da amazónia para a plantação e agricultura de produtos acima das necessidades reais, até aos acordos comerciais paralelos com países do Médio Oriente, devido ao seu poder global no mercado energético, como observado pela realização do Mundial de Futebol pela FIFA no Qatar, recorrendo a profissionais de construção civil integrados num mercado internacional desigual e com condições de trabalho e de vida a que nenhum ser humano deveria ser exposto[6, 7].

Voltando às relações causais, os fatores mais distantes parecem não afetar diretamente as pessoas, mas têm um peso enorme na definição do atual e futuro estado de saúde e bem-estar social, incluindo as próximas gerações. A pandemia da covid-19 veio, realmente, expor outros benefícios de como tendemos a atuar com sucesso quando as necessidades são sentidas em tão curto espaço de tempo, mostrando que a base de pensamento no modelo linear funciona. De facto, estes benefícios estão relacionados com a proximidade! Estando o valor das comunidades tendencialmente perdido, a emergência dos contextos urbanos com elevada densidade populacional e a solidariedade, além da narrativa cultural da soberania, como, por exemplo, a União Europeia a qual chamou competências para a proteção da saúde e dos destinos de milhões de cidadãos europeus e globais, houve um reconhecimento da maior legitimidade da Organização Mundial de Saúde, enquanto autoridade global de saúde[12].

O valor das comunidades, há tanto defendido, recuperou-se um pouco por todo o mundo, independentemente dos regimes políticos em vigor, curiosamente, diminuindo a capacidade das empresas multinacionais em manter as suas políticas flexíveis em vigor, sendo objeto de uma necessária adaptação local. A sociedade civil procurou soluções de rentabilização de recursos para proteger os mais vulneráveis; os setores de serviços adaptaram-se aos trabalhadores, para que estes pudessem exercer as suas funções a partir de métodos, até então, pouco praticados, diga-se o teletrabalho e trabalhadores essenciais viram muitos dos seus direitos reconhecidos em termos de segurança e qualidade no local de trabalho[13,14]. A partir destas vivências, podemos questionar, será que as populações viveram subjugadas a estas circunstâncias ao longo da história? Continuaremos a deixar esta hipótese em aberto sobre que modelos de governação queremos para o futuro em termos da transparência em que a regulação social ocorre? E em que medida nos poderá ajudar a compreender melhor as relações de causalidade, sobretudo criando o mundo contrafactual do que poderia ser, se evoluíssemos na nossa capacidade cognitiva, evitando *O Erro de Descartes,* como António Damásio expõe?[15]

A solidariedade, enquanto práticas que refletem um compromisso de suportar custos (financeiros, sociais, emocionais ou outros) para ajudar outros com quem se reconhece similaridades nalgum aspeto relevante[16], embora continue muito longe do desejável e necessário, permitiu, contudo, abrir uma janela de oportunidades, raramente deslumbrada, sobretudo nas últimas décadas. Essencialmente, ao compreender que as crises globais não podem ser evitadas, controladas e mitigadas a nível individual, os países assumiram que a partilha de poder e reconhecimento de legitimidade a agências além-fronteiras era o único caminho moralmente e eticamente correto para criar escala necessária à subjugação, ainda que mínima, do conhecimento, inovação e tecnologia pelos operadores económicos globais. A recuperação da noção do bem público comum e global foi o valor central a este entendimento, como por exemplo no caso da produção, aquisição e distribuição de vacinas[17–19]. Uma vez mais, num misto de inúmeras falhas e pontos de melhoria como já amplamente discutido e divulgado, poderá ter sido uma esperança em como, perante uma necessidade global é possível encontrar uma solução conjunta e alinhada com os melhores interesses das pessoas e de forma transparente. Falta agora conseguir fazê-lo para necessidades a médio e longo prazo, o que requer a alteração ontológica do pensamento causal.

Numa altura em que dados é uma palavra amplamente referida, nomeadamente pela necessidade de aceder a estes para fundamentar decisões e a contínua dificuldade ou incapacidade de efetivar esta intenção, naturalmente que a transição digital veio trazer uma força subjacente à sua existência e partilha. No entanto, mais do que dados, o mundo carece ainda da capacidade analítica de os transpor para informação e, em última instância, para conhecimento. Aliás, a evolução para sociedades do conhecimento, como alguns dos mais influentes atualmente têm defendido, faz parecer que até então se tem vivido no desconhecimento, enquanto na realidade o que se tem observado é que a informação produzida é que tem tido por base métodos que nem sempre recorreram às ferramentas tecnológicas atualmente existentes. Considerando a evolução das sociedades desde o primórdio dos tempos da vida humana, começamos pelos grupos de caçadores e coletores que reuniam dados empíricos de fenómenos migratórios dos principais animais de caça, de fenómenos meteorológicos que permitiam as escolhas dos locais de repouso e residência enquanto sociedades nómadas, passando pelo período após a revolução agrícola, em que toda a informação era produzida relativamente aos locais de cultivo e à produção efetuada até, mais recentemente, à revolução industrial e o seu impulso focado na eficiência e produção[5]. Assim sendo, a produção de informação a partir de dados, tanto qualitativos como quantitativos, sempre foram recolhidos e, posteriormente, tomado o seu conhecimento cuja aquisição é uma prática desde a existência do ser humano, sobretudo pela sua capacidade cognitiva que será um dos principais pontos diferenciadores dos demais seres vivos. O que atualmente se observa e irá cada vez mais ser uma constatação, é a disponibilidade exponencial destes dados e, em particular, a sua desagregação a nível individual, o que permite criar informação muito mais detalhada e com maior sensibilidade e especificidade.

Considerando as ferramentas tecnológicas, como a criação dos computadores e, subsequentemente, o desenvolvimento da Internet, observa-se uma interligação à escala global, nunca antes vista. É precisamente neste ponto que os sistemas de informação, se bem que ainda muito fragmentados, as redes sociais, a movimentação de bens e serviços online e o crescimento da capacidade das ferramentas de inteligência artificial estão a modificar o ambiente da governação como estes dados e informação devem ser recolhidos, armazenados, tratados e comunicados. Como exemplo mais recente, além dos modelos Watson criados pela IBM que conseguiram já derrotar dois dos melhores jogadores de *Jeopardy!* e o aparecimento, desde 2022, do ChatGPT vem mostrar a todo o mundo as capacidades existentes, continuamente exploradas, destas plataformas. No entanto, ao mesmo tempo que nos encontramos a investigar e a descobrir como a mente humana processa a informação, de forma a recodificar estes procedimentos nestas ferramentas digitais, o futuro sustentável das sociedades será seguramente influenciado por estas capacidades[20]. A nova geração, como referido, cresce e encontra-se a ser exposta e formada num ambiente tecnológico jamais observado, exceto em filmes de ficção científica, mas não sabendo que impactos irá trazer no futuro. A par das linguagens básicas de aprendizagem humana, também as linguagens informáticas passam a fazer parte do léxico comum. Todas estas evoluções poderão diminuir os hiatos, muitas vezes discutidos na área da saúde, enquanto assimetrias de informação. Embora, muitas dúvidas têm sido discutidas e colocadas relativamente à outra face da moeda, neste caso a veiculação da desinformação, assim como a vulnerabilidade a ciberataques e outros métodos de extorsão informática individuais e populacionais. Tal como quando descoberto o potencial da fusão de energia através do hidrogénio e urânio permitiu identificar uma fonte com enorme potencialidade, também levou à criação das bombas atómicas e o mesmo se pode observar, desde já, com muitos exemplos na informação e, muito discutido recentemente no âmbito da pandemia da covid-19.

A regulação enquanto princípio e instrumento de governação surge em paralelo, sobretudo nos sistemas democráticos, de forma a garantir o cumprimento ético e normativo do crescente peso das parcerias sociais entre o setor público e privado, com o intuito de proteger o consumidor final de produtos e serviços[21]. No entanto, o seu papel tem sido desempenhado amiúdo pela aparente permeabilidade às forças políticas e corporativas, e pelos altos padrões éticos que mais dependem das pessoas que lideram do que as políticas institucionalmente previstas. Perante a aceleração da transição digital, sobretudo através de corporações de escala global, a regulação tem ainda um papel mais difícil, expondo milhares de milhões de pessoas a potenciais malefícios difíceis de rastrear e, pior ainda, de reverter[7]. Recorde-se as influências nas eleições dos Estados Unidos da América pela empresa britânica Cambridge Analytica, que por via de uma imensidão de dados obtidos da rede social Facebook, conseguiu encontrar padrões de eleitores e, desse modo, comercializar essa informação com potencial influência direta nos resultados eleitorais obtidos. Enquanto este caso foi possível identificar, outros permanecem ocultos e outros, ainda com maiores consequências para a saúde e bem--estar das populações poderão acontecer. Embora individualmente haja a necessidade de capacitar e corresponsabilizar cada pessoa, as dissonâncias cognitivas ainda são muito grandes, deixando os mais frágeis suscetíveis a estes efeitos de escala que muitos países sozinhos não conseguem modificar.

Por fim, o princípio da comunicação encontra-se na relação contínua de todo o mundo e de todas as pessoas que a ele pertencem desde que existe vida no planeta Terra. A melhor ou pior comunicação depende de fatores tão simples como o comunicador e o recetor e o conteúdo da mensagem que pretende ser transmitida. Desde os registos arqueológicos, através de pinturas gravadas nas paredes de grutas, à descoberta da primeira forma de linguagem suméria dos povos da mesopotâmia, inscritas nas tábuas de pedra descobertas no século XX, aos utensílios em barro delicadamente decorados entre os povos da América Central, até às línguas latina, anglo-saxónica e orientais do qual derivam a maior parte dos dialetos atuais, os objetivos da comunicação mantiveram-se sempre os mesmos alterando-se, apenas, o método como era realizado[5]. Além disso, a forma e impulso naturais de qualquer comunicação parte dos sentimentos e emoções que cognitivamente o ser humano processa, sendo também neste ponto o facto de que os torna sociais por natureza basal[20]. Aliás, vários investigadores neurológicos e do desenvolvimento argumentam, por exemplo, que ao contrário da maior parte dos seres vivos e, em particular, os animais de grande porte que tendem muitas vezes a assumir características solitárias, nem que por períodos sazonais, o facto do ser humano possuir, à volta da pupila e da íris, uma esclera branca surge como uma evolução biológica social o que permite identificar a localização do olhar de cada pessoa. Neste sentido, a argumentação em prol da comunicação interpessoal, também, se encontra a modificar quando as sociedades atuais têm formas alternativas de o fazer, como recorrer à evolução tecnológica.

Num espaço de 70 anos, foi possível observar uma evolução de uma comunicação simplesmente à base do contacto humano (que se manteve igual durante sensivelmente 200 mil anos), passando para a possibilidade telefónica à distância, para uma crescente penetração desta modalidade em todas as habitações, mas sempre recorrendo à utilização de, pelo menos, à voz, até à utilização das redes sociais atuais cuja comunicação é feita em tempo real através de mensagens de texto em qualquer lugar do mundo. Colocando em escala as evoluções biológica e cognitiva, as formas de expressão atuais poderão uma vez mais levar a impactos sociológicos muito superiores aos, atualmente, estudados e compreendidos. Considerando ainda as capacidades da inteligência artificial, nos seus vários ramos de aplicação, antecipa-se que o ato de escrita ou de voz poderá nem ser necessário, seja por via indireta em que os modelos informáticos acumulam suficiente capacidade para prever qual é a necessidade a ser comunicada, até à direta tradução do mecanismo cerebral humano para a plataforma de comunicação. Neste momento, o número de centros de investigação a nível mundial nestas áreas é imenso, sendo de enorme dificuldade mapear num só momento todo o tipo de trabalhos em curso, mas demonstra como a comunicação se tornou numa rede tão intrínseca entre todos os espaços geodemográficos.

Uma vez mais, o reverso da medalha, parece estar também a acontecer em termos de efeitos negativos quando a exposição e a liberdade de comunicação seguem caminhos cuja epistemologia do seu conteúdo não é verificada ou é intencionalmente modificada. Ao longo da história são vários os exemplos negativos comunicacionais, quer sejam os mecanismos de propaganda dos regimes Nazi ou da União Soviética, ou então os poderosos lóbis e marketings sociais da indústria tabaqueira ou, mais recentemente, das indústrias agroalimentares[6, 22, 23]. Mas mesmo ao nível técnico-científico, o escrutínio da informação comunicada coloca sérias dúvidas na transparência utilizada, criando sociedades de desconhecimento, como foi o exemplo do artigo científico publicado na conceituada revista científica *The Lancet* sobre os aparentes efeitos adversos da vacina contra o sarampo, que aumentariam o risco de autismo nas crianças vacinadas. Após mais de 20 anos de contestação e refutação absoluta por vários artigos científicos e pela própria revista, os grandes movimentos antivacinais, como observados durante a pandemia da covid-19, continuam a emergir e a crescer com base nesse argumento[19]. Por causa dessa publicação, um recente estudo indicava que até nas novas gerações, mesmo as que ainda não tinham nascido, continuar-se-ia a observar os referidos efeitos.

Posto isto, é importante ponderar sobre os efeitos positivos e negativos da comunicação, enquanto foco central dos modelos de governação atuais entre setores públicos e privados, bem como as populações e como todos estes são influenciados, a todos os níveis hierárquicos e por tipologia de conteúdos, para que haja uma manutenção de um *statu quo* que se pretende modificado para um futuro sustentável.

Capítulo 2
A perceção das pessoas

O respeito pelos sentimentos alheios é a melhor condição para uma próspera e feliz vida de relações e afeto.

— José Saramago, em *A Viagem do Elefante*

Refletir e compreender governação significa, em primeira instância, saber como as necessidades das pessoas são correspondidas e satisfeitas, sejam estas expressas pelos mesmos ou não. No primeiro capítulo, procurou-se explicitar alguns dos mecanismos subjacentes à forma como, em pleno século XXI, é percecionado as políticas que em todos os setores da sociedade são definidas e como, de forma intencional ou não, as pessoas são parte integrante ou tidas em consideração no alinhamento com os seus interesses. A noção de responsabilidade partilhada nunca se perdeu ao longo da história da vida humana. Contrariamente, o que ter-se-á perdido fora a capacidade de ver correspondida as expectativas relacionais que existem. A evolução para sistemas sociais profundamente divididos entre os querem mais para si e os querem para todos, é uma verdadeira desvirtuação do conceito de ser humano e das relações sociais que este necessita, com consequências ao nível da distribuição desigual de oportunidades e de resultados, assim como uma crescente intolerância ao próximo e incapacidade de escutar e respeitar diferenças[20]. Em todas as fases da vida é possível observar que a inovação, mudança e desafio surgem da diferença e, acima de tudo, como esta é respeitada e entendida. Para tal, se se considerar as relações entre casais, independentemente dos fundos étnicos, culturais e religiosos, a construção que é realizada ao longo da vida, baseado no respeito mútuo, impulsiona as mudanças, sejam elas biológicas, através da criação de descendentes, sejam estruturais através da aquisição e partilha de propriedade privada, sejam através das decisões do quotidiano, como as escolhas alimentares e nutricionais do almoço ou as atividades a realizar no fim de semana. Todas têm impacto na compreensão das relações entre os fenómenos emocionais e sentimentais, com base na tolerância que o modelo de pensamento linear tem impedido ou regredido na sua realização.

A aplicação contínua de métodos de relação causal diretos, estagna a capacidade de pensamento compreensivo, busca a resposta rápida e fácil, e tende a condenar aqueles que discordam. Os órgãos de comunicação social, nomeadamente televisivos, são exemplo em como espaços de comentários por analistas de diversas áreas, mas sobretudo políticos, são levados e sentem a necessidade de produzir respostas e juízos de valor quase imediatos, sem qualquer fase de reflexão. Apesar de existirem pessoas com capacidades cognitivas excecionais de o fazer, a maioria dos seres humanos não está preparado e, pelo contrário, está demasiado formatado para rapidamente produzir uma resposta sem ter a consideração generalizada do impacto da informação processada e comunicada. Neste ponto, e considerando as evoluções dos regimes políticos a nível global, é possível observar uma inversão da tendência democrática e, incluindo nestas, o ressurgimento de movimentos populistas e de extrema direita cujo ponto central do seu processo de comunicação é precisamente o pensamento linear, em que procura criar relações causais diretas onde, na maior parte das situações, não estão corretas, porque são percecionais ou estão enviesadas por inúmeros fatores de confundimento[2]. A captação e influência, em dissonância cognitiva, pela população é desproporcionalmente maior nas pessoas com menos níveis de escolaridade, normalmente associadas a condições de maior privação socioeconómica, e que, paradoxalmente, são também as mais afetadas negativamente pelo discurso, eventualmente, de políticas definidas por estes partidos ou grupos políticos. Sociedades mais justas são um importante caminho para menores polarizações políticas. Transpondo a perceção de tolerância para as pessoas, a compreensão de fenómenos de racismo e criminalidade são, muitas vezes, alimentados culturalmente pela informação simples e individual de casos reportados, ou seja, as noções de risco, que falaremos no capítulo seguinte, acabam por condicionar a compreensão dos fenómenos como um todo.

A luta pelas desigualdades tem sofrido altos e baixos e, muitas vezes, está relacionada com as escolhas governamentais em um discurso dicotomizado entre a liberdade individual e a coletividade. Ora, este talvez seja o contraste que qualquer transformação social, necessária para um futuro sustentável, precisa de ver alterado, e que se encontra a ser lentamente modificado pelas novas gerações, o que poderá também ser uma das razões pelas quais tem sido amplamente difícil garantir a equidade intergeracional. Atualmente, o entendimento entre espaço político à direita e à esquerda não tem quase paralelo na história antiga, exceto nos casos históricos que são lecionados aos vários níveis académicos ou mais comumente partilhados de forma a favorecer uma retórica que, à escala global, continua a priorizar os interesses económicos e a manter a ordem internacional[5, 6]. No entanto, estas conceções, teoricamente falando, não só são consideravelmente complementares, como bons exemplos de organizações sociais promotoras de uma maior equidade, sem necessidade de cadeias hierárquicas e administrativas que regulem populações, mesmo de dimensão considerável. O espaço de inovação, muito além das componentes físicas e materiais, mas metafórico e de inteligência social, também, se esgota rapidamente quando os desenhos organizacionais estão sufocados nesta dicotomia, perpetuando a importância do resultado, em curto prazo, da produtividade[11].

Além do pensamento ontológico em vigor, outro mecanismo de governação que tem de ser considerado na forma como a perceção das pessoas e da população é influenciada, está relacionado com a representatividade existente junto dos vários órgãos corporativos, institucionais e governamentais. A representatividade populacional tem diferentes contornos na sociedade e depende de competências, enquadramento legal, missão, nível de atuação e grupos populacionais em que se foca, podendo variar desde uma associação de moradores de uma determinada comunidade, que advoga por melhores condições rodoviárias junto do seu poder local (junta de freguesia ou câmara municipal), uma entidade sindical que defende os trabalhadores de determinada indústria a nível nacional e até uma organização não governamental que luta pelos direitos e condições das populações migrantes junto da União Europeia ou de organizações internacionais. Como é possível inferir, as diferenças e campos de ação são consideravelmente grandes e a legitimidade de atuação pode ser tanto obtida pela forma como é dado *input* pelos seus membros integrantes, por *throughput* através do modo como inclui os interesses daqueles que representa ou por *output* ao apenas tornar visível a sua ação aos representados por via dos resultados obtidos[24]. Partido deste esquema de legitimidade, entre os vários setores governativos da sociedade, o número de entidades e organizações representativas têm vindo a crescer de forma substancial a todos os níveis hierárquicos, na esperança que, assim, continue, à medida que os poderes governativos são centralizados e descentralizados, enquanto as corporações multinacionais são forçadas a corresponder às expectativas locais e regionais dos seus trabalhadores.

As organizações sindicais nascem sobretudo da revolução industrial, com o intuito de proteger os direitos dos trabalhadores. Todavia, ainda se observa uma enorme desigualdade na proteção e capacidade de legitimidade e legalidade dessa representação. Atualmente, empresas multinacionais, como a Amazon, em que não são considerados, enquanto política empresarial, as sugestões e implementação de instrumentos de reivindicação, não serão tidas em conta ou contrariadas as condições laborais mínimas. Quando observamos, também, os movimentos sociais criados em prol da luta contra as alterações climáticas, observa-se fenómenos cujo ponto de partida é puramente orgânico em termos sociais, onde a legitimidade existe no respeito generalizado por esse direito, sem existir necessariamente um enquadramento legal para tal efeito. No entanto, em contrapartida, as desvantagens destes movimentos são o facto de ficarem limitados à criação de consciência global, muitas vezes, sem capacidade de atribuir responsabilidades específicas, além da reivindicação criada pelos próprios movimentos. Este facto advém, uma vez mais, da dificuldade em estabelecer relações causais diretas, que do ponto de vista legal, constituem nexos de causalidade suficientes para extrapolar os resultados e conectá-los a determinadas práticas, respeitante, sobretudo à responsabilidade social corporativa. Por outro lado, a luta pela igualdade de género já permitiu uma maior capacidade em identificar juridicamente fenómenos de injustiça social, em particular no acesso ao mercado de trabalho; às condições laborais e remuneratórias; ao empoderamento e maior participação na vida política e, mais grave, a todas as situações que foram alvo de abusos de qualquer natureza[25]. O movimento *#metoo*, com início na segunda década do século XXI e com impactos políticos e públicos consideráveis, é um bom exemplo em como a conexão global consegue rapidamente tornar iniciativas locais em fenómenos mundiais. Quando se discute fenómenos de desigualdade socioeconómica, aplicando, como exemplo, as associações de doentes, torna-se mais complexo devido ao facto de rapidamente ser considerado instrumento ou mesmo mecanismo de ascensão política. Além disso, vários exemplos recentes têm desconstruído inúmeras entidades ou por aparência ou por práticas eticamente reprováveis, que não contribuem para a qualidade e legitimidade dessa mesma representação, provocando consequências adversas na confiança das populações. Observa-se também, em muitas circunstâncias, um aproveitamento pessoal dessas posições de liderança, ao ser uma voz politicamente ativa. Mas há aqui um ponto de base ainda mais importante, que está relacionado com as fontes de financiamento e os mecanismos que temos explorado no modelo de governação atualmente em vigor no mundo, este é a manutenção do *statu quo*, que, por sua vez, cria aparentes iniciativas que parecem tentar «compensar» socialmente a raiz económico-financeira com que as populações são compreendidas[22]. Iremos explorar agora alguns exemplos.

Tendo como referência o setor da saúde, as associações de doentes são assim denominadas por se focarem (e bem) na defesa dos interesses de pessoas com determinada patologia, tendo em muitos casos um papel social relevante e sendo um ator proeminente na definição de políticas de saúde (veja-se, por exemplo, as associações de pessoas com diabetes e doenças cardiovasculares). No entanto, quando analisado em particular a sustentação económico-financeira da sua existência, além dos contributos efetuados pelos seus associados, são substancialmente suportados por recursos provenientes de fundações e indústrias farmacêuticas, que através de uma aparente via de responsabilidade social, estes parceiros estratégicos ganham capacidade para influenciarem a definição das prioridades das próprias associações. Colocando a questão ao contrário, quase não existem «associações dos saudáveis», dado praticamente não existirem incentivos financeiros à sua existência, por não serem atrativos ao setor privado ao desalinharem-se com os produtos e serviços que asseguram a sua própria existência. Estas colaborações e interligações, que permitem a definição conjunta de prioridades e perpetuam o poder de manter agendas alinhadas e a capacidade de dominar as regras de jogo políticas e institucionais são, também, mecanismos que influenciam a governação para a saúde e bem-estar das populações. Um outro efeito potencialmente negativo é a perpetuação das abordagens por silos e, assim, fragmentadas ao continuar a defesa de interesses específicos que diminuem a contribuição para respostas integradas.

Outro exemplo está relacionado com o setor social e cultural, profundamente enraizados no poder religioso em grande parte dos países. No mundo ocidental, a criação de naturezas jurídicas para o setor privado numa lógica de inexistência de fins lucrativos e, assim, não existindo excedentes líquidos que possam ser redistribuídos pelos acionistas, foi uma estratégia de capitalização de diversas entidades, nas quais se incluem aquelas que derivam das ligações religiosas, nomeadamente cristã, devido à sua maior prevalência entre a população ocidental. Em Portugal, por exemplo, verificamos à cabeça as Santas Casas da Misericórdia e as associações religiosas que asseguram, junto das populações, um conjunto de serviços sociais, educativos e de saúde. Pese embora o benefício social da sua existência não seja questionado, devido ao papel que detiveram na sociedade durante vários séculos, na proteção dos mais vulneráveis e dos doentes, especialmente numa altura em que a população mais jovem seguia um padrão de vida mais laico, no entanto as atividades destas entidades diversificaram-se muito além da sua missão inicial e questiona-se a fundamentação das suas relações segundo os critérios em vigor.

Regressando ao ponto central de perceção e representatividade das pessoas, observa-se, também, aqui um crescente desfasamento temporal da evolução da consciência populacional, que irá com elevada probabilidade levar a uma alteração do modelo de governação existente. De uma forma transversal, a participação política, na maior parte das vezes através dos fóruns locais, dos partidos políticos e das suas correspondências jovens, são cada vez menos participados devido à dificuldade de ligação e identificação com os valores e políticas por estes defendidos, construídos e propagados durante vários anos e, atualmente, descontextualizados ou desatualizados face aos desafios que, em muitos casos, são percecionados pelas pessoas como sendo provocados por esses mesmos ideais. Além da falta de confiança, a incapacidade de as retóricas políticas fazerem a diferença nos recursos disponíveis para a vida diária das pessoas, traduz-se num crescimento da indiferença. Se nas evoluções dos regimes democráticos se observou uma evolução descentralizada e próxima das populações, atualmente o modelo não consegue captar e encontra-se tendencionalmente viciado em si mesmo, estando maioritariamente composto por cidadãos que ou se identificam profundamente com os ideais defendidos ou, então, têm outros interesses ou ambições cujos fóruns são veículos importantes para os atingir. Recentemente, iniciou-se uma discussão em diversos países europeus sobre como seria possível promover discussões políticas, integradas e intersectoriais sem que, à partida, estivessem enquistadas por aqueles que as promovem. Ou seja, que atores estariam bem posicionados e socialmente legitimados para promover tais discussões, tal como referido anteriormente, e, ao mesmo tempo, teriam sustentação económico-financeira para a sua sobrevivência?

Infelizmente, não há uma solução simples e o défice de lideranças capazes de evoluir nesse sentido parece demasiado escasso, dado depender dos próprios partidos políticos que já se encontram estabelecidos e não pretendem partilhar o seu poder, dado o compreenderem sobretudo numa lógica de competitividade. Esta manutenção do *statu quo*, como já referido, apenas continuará a promover o surgimento de fenómenos e grupos populistas, onde as populações veem um escape ao que é propagado eternamente, sem modificações concretas na satisfação das suas necessidades.

Deste modo, as mudanças necessárias que melhorem qualitativamente as perceções populacionais, traduzindo-se naturalmente em melhor qualidade de vida e bem-estar, centram-se, sobretudo, na construção de confiança e na partilha de poder. No entanto, estes fatores têm de ser analisados à luz das estruturas sociais atualmente em vigor e os regimes políticos presentes em cada país. A pandemia da covid-19 demonstrou dois efeitos organizacionais diretamente ligados à capacidade de sucesso no seu controlo e mitigação, transversal a todos os setores de governação. Por um lado, uma maior proximidade às comunidades, sendo estas parte integrante das decisões. Por outro lado, um maior reforço das estruturas organizacionais regionais e globais para fazer face a riscos comuns. A proximidade geográfica das decisões às pessoas, teoricamente e já amplamente discutido na literatura, traduz-se num aumento da confiança por via da maior probabilidade de participação da comunidade, nomeadamente quando aplicado a medidas concretas e de relação causal simples. No entanto os valores comunitários nos locais onde atualmente há maior densidade populacional, ou seja, os grandes centros urbanos e suburbanos, estão amplamente desconectados, pelo que o empirismo aplicado não parece traduzir o seu potencial. Tal situação requer um trabalho de base adicional na recuperação das ligações comunitárias, em fóruns sociais que não captem os padrões político-partidários e que permitam uma coprodução sustentada no tempo e no espaço, não esquecendo o potencial das redes e ferramentas digitais para impulsionar estes mecanismos. Além disso, o potencial de modificar as perceções relativas às fortes convicções que alimentam as desigualdades de qualquer origem, pode gerar vantagens duplas e sinérgicas, alavancando uma maior apropriação dos valores sociais, enquanto se mantêm os valores de liberdade individual. Aliás, esta compreensão foi e é em várias civilizações uma forma de manter relações interpessoais saudáveis e prósperas, sem perder o fio condutor individual de bem-estar[5]. A dupla condição individual e populacional não tem de ser antagónica, mas navegar na complexidade cinzenta entre os dois níveis que tem gerado polarizações, sobretudo quando a discussão é centrada na igualdade por via da distribuição de recursos e resultados. Embora este ponto seja discutido em maior profundidade no capítulo das políticas de complexidade, a ideia subjacente que se tenta captar é que o arco de governação atual se divida no entendimento em como o desenvolvimento económico e social acontece por via de providenciar apenas recursos ou então quantificando os resultados obtidos. Além da dimensão ambiental introduzida e, agora mais importante do que nunca, perpetuar um modelo organizacional e político com este enquadramento, apenas irá levar ao contínuo aumento das desigualdades, onde os ricos ficam cada vez mais ricos e os pobres cada vez mais pobres[3].

O reforço das estruturas organizacionais regionais e globais é outro passo que necessita urgentemente de acontecer, pese embora este esteja profundamente dependente das forças militares e geopolíticas. As condições de soberania, que o período dos descobrimentos veio aprofundar e que a Revolução Francesa, incluindo toda a emancipação filosófica e o movimento iluminista proporcionou no século XVIII, através do valor atribuído à propriedade privada, alteraram por completo os modelos de governação observados até então e, desta feita, a perceção das populações relativa à sua apropriação material enquanto fator necessário ao aparente bem-estar. Vejamos as evoluções que ocorreram desde o fim da Segunda Guerra Mundial. A criação da Organização das Nações Unidas (ONU), com base na sua precursora, a Liga das Nações, foi um ponto de viragem decisivo ao permitir a aglutinação global para a criação e implementação de instrumentos legítimos por todas as populações representadas através dos seus governos, independentemente da sua localização, mantendo a cultura e especificidades regionais, ou seja, continentais[6]. No centro nevrálgico desta organização foi criado o órgão colegial, o Conselho de Segurança, com assento permanente dos países com maior peso militar, político e económico à data, outros tantos, entretanto, atingiram o mesmo patamar, mas sem novas alterações introduzidas a este nível. A ordem internacional que era transmitida e a perceção de segurança das pessoas modificou-se positivamente, dado os receios existentes fruto das ameaças nucleares terem chegado a um consenso que, ainda se mantém, embora com ligações bem mais frágeis. Durante os 70 anos seguintes, baseado neste modelo, inúmeras atrocidades foram igualmente cometidas e lógicas de exploração comercial implementadas ao extremo, sobretudo junto daquelas populações com maiores necessidades e menos satisfeitas ao longo do tempo, em particular nos continentes africano, asiático e no Médio Oriente.

Em nota adicional, se observarmos atualmente os financiamentos para as agências humanitárias, como o Alto Comissariado das Nações Unidas para os Refugiados (UNHCR) e o Fundo das Nações Unidas para a Infância (UNICEF), em comparação com as agências técnicas como a Organização Mundial de Saúde (OMS), a Organização Mundial para a Saúde Animal (WOAH) e o Programa das Nações Unidas para o Ambiente (UNEP), as diferenças são significativamente favoráveis aos primeiros casos[1], traduzindo uma política de destruição e reparação, sem existir uma verdadeira solidariedade de prevenção e reforço das

[1] Em 2017, os Estados Unidos da América era o maior doador do universo das Nações Unidas, sendo que para as agências humanitárias, a proporção de apoio financeiro ultrapassava os 40% do valor total orçamentado, enquanto para as agências técnicas não chegava a 50%[26].

populações. Como veremos mais à frente, os fatores de risco aos quais os povos africanos se encontram atualmente expostos não tem paralelo na história, ao contrário do que seria de esperar com a inovação tecnológica e transição digital que parte do mundo está a viver. Numa segunda nota adicional, os povos dos países do Médio Oriente, sem entrar em detalhe no conflito israelo-palestiniano, já amplamente estudado e identificado, os fatores que alimentam uma contínua ostracização entre ambos os povos com consequências sociais e de saúde, em particular para o povo palestiniano, advêm tanto das decisões territoriais e de mapeamento definidas em gabinetes dos países da União Europeia, após o fim da Segunda Guerra Mundial, sem ter em atenção às características locais das populações e, como hoje se observa, com consequências de enorme complexidade de resolução, como as relações bilaterais que são impulsionadas pelos países mais fortes a nível global e que se encontram em esquadrias diferentes, refletindo as suas diferenças indiretamente através destes países. Todo este *statu quo* alimenta a crise de refugiados que se viveu na Europa em 2015 e que ainda hoje assola e obriga à tentativa, em condições deploráveis, de travessias ilegais e perigosas por milhares de pessoas anualmente, ou então pelo contínua migração e permanência de milhares de pessoas na fronteira entre o México e os Estados Unidos da América, fruto de políticas económicas definidas ao longo de muitos anos junto dos países da América Latina e América Central. No entanto, se observamos o estado atual asiático, o panorama não melhora.

Em primeiro lugar, a dimensão populacional da China e da Índia requerem uma proporção inigualável noutro lugar em termos de recursos mundiais. Apesar de as projeções demográficas atuais já darem nota de alguma estabilização em termos de natalidade na China, a Índia ainda continua em crescimento até 2064, momento em que atingirá o pico populacional e iniciará a sua estabilização demográfica, estando previsto ultrapassar a China no número total de habitantes a meio do ano de 2023[27]. Contudo, a par dos indicadores ambientais, em 2020 cerca de dois mil milhões de pessoas vivem sem acesso a redes de abastecimento de água com qualidade para consumo humano e disponibilidade de saneamento básico, colocando enorme pressão na garantia dos Direitos Humanos básicos, com vastos segmentos populacionais a continuarem a viver em condições de grande pobreza[28]. Em segundo lugar, os fatores religiosos são ainda uma condição de exclusão e fundamento para cometer atrocidades, na qual a maioria das pessoas compreende como aceitáveis, em particular os grupos populacionais de origem muçulmana que existem nestes países, assim como é possível verificar o exemplo dos refugiados Rohingya, obrigados a abandonarem o Myanmar e deslocarem-se para o Bangladeche após décadas de perseguição religiosa e étnica, tendo mesmo levado a uma instabilidade política condenada por grande parte dos países a nível global[29]. Nesta sequência e em terceiro lugar, os fatores políticos que, ou se encontram assentes em regimes autoritários, como a Coreia do Norte quase totalmente fechada ao resto do mundo, as Filipinas em que as liberdades individuais em termos de orientação sexual são altamente criminalizadas, ou mesmo a China que aboliu a possibilidade de competição política e o direito ao contraditório, cumprindo os habituais passos de controlo dos órgãos de comunicação social e da informação que é produzida no país, assim como a constante ameaça junto de Taiwan, cuja população já evoluiu no pensamento social e pretende um regime mais democrático para o seu futuro a um curto-médio prazo, não se pode antever qualquer sucesso nesse campo[30].

Regressando ao ponto das organizações regionais e globais, o que se pretende concluir com todos estes fatores é a complexidade do que é compreendido pelas populações internamente e externamente, baseado na atual perceção da soberania dos Estados e como esta visão, aparentemente simples e inócua, mantém praticamente impossível a modificação de base da governação solidária e cooperativa que se antevê necessária para fazer face aos desafios que existem para um futuro sustentável. Como refere Vaclav Smil no seu recente livro[7], por mais que a política verde seja adotada na União Europeia e nos Estados Unidos da América, a contribuição para a sustentabilidade ambiental será praticamente insignificante enquanto a China e, em menor dimensão os demais países asiáticos, se mantiverem à margem dos compromissos mundiais, assim como as grandes corporações industriais globais influenciarem os países do continente africano nos seus padrões de vida, e as forças políticas continuarem a realizar os seus acordos comerciais com os países exportadores de combustíveis fósseis, nomeadamente do Médio Oriente. Este desfasamento cognitivo entre as populações e a defesa pela liberdade individual, em que as mulheres continuam a enfrentar políticas altamente restritivas na igualdade de direitos entre géneros e, ao mesmo tempo, os governantes dessas mesmas populações continuarem a negociar e alimentar a riqueza dos poderes políticos, é uma roda giratória cujas engrenagens não engatam e, literalmente, é despejado óleo para diminuir a fricção existente. Neste sentido, o verdadeiro poder das organizações internacionais criadas e financiadas, pelo menos, pelos Estados-membros a nível global, é diminuto e dependente das relações de política externa que são, diplomaticamente, possíveis de atingir[6, 31].

Por sua vez, em análise recente realizada pelo Edelman Trust Institute, a confiança das pessoas nestas mesmas organizações tende a flutuar consoante as conjeturas em vigor e é altamente dependente do discurso e opinião pública influenciada por cada país[32]. O mesmo se observa ao nível da União Europeia, que é atualmente uma das organizações internacionais mais complexa e evoluída a nível mundial que tenta, constantemente, puxar a si competências governativas, mas mantendo-se, muitas vezes, na sombra dos valores de soberania e princípios de subsidiariedade, que teimam em limitar maiores capacidades supra nacionais que, provavelmente, poderiam trazer maior capacidade na resposta aos problemas e necessidades das pessoas[24, 33]. É importante relembrar que a esperança de vida nos países de alto rendimento (mais uma classificação medida em termos económicos e com base em médias, métrica que não capta a dispersão destes recursos nos vários estratos sociais) é cerca de 80 anos, enquanto por comparação nos países de baixo rendimento é 63 anos[34]. Este hiato, que reflete uma injustiça social do ponto de vista global, irá continuar a desafiar profundamente este *statu quo*, podendo tornar-se numa espiral negativa com impacto em todos os cidadãos, numa fase de plena revolução digital e de crescimento do entendimento cognitivo destes efeitos. Assim, além da expansão das organizações não governamentais e do papel das fundações da governação global, como já referido, as organizações de base governamental representam o que poderá ser a evolução futura, em que a solidariedade e colaboração serão valores mais fortes do que a soberania, subsidiariedade e competitividade, pois não se antevê maneira como este modelo aguente muito tempo, em qualquer umas das linhas social, económica ou ambiental[35].

As consequências esperadas são cada vez mais disruptivas e cada vez mais bem fundamentadas com base nos modelos tecnológicos e digitais que hoje se encontram ao dispor. Daí, também, que uma das armas mais usadas seja a descredibilização da ciência, dadas a força e dificuldade de refutação que estas, felizmente, cada vez mais têm. A contínua necessidade política extremada e comercial em criar a dúvida nos resultados obtidos ou na refutação com base em argumentos anticiência tem tido, infelizmente, bons resultados em alterar as perceções das pessoas relativamente aos verdadeiros problemas que estas enfrentam. Também, aqui, há motivos para otimismo, vistos os segmentos populacionais mais jovens estarem a ser cada vez mais protegidos de tais influências e de tais medidas de propaganda através dos quais, nos últimos dois mil anos, foi possível manter este formato de modelos, mas que na Era Digital há veículos que, para o bem e para o mal, não são de todo passíveis de serem amplamente controlados. Além disso, pela agudização e intensificação do sofrimento, seja económico, social, de saúde ou ambiental, cria uma consciencialização mais prática no que cada indivíduo sente e naquilo que forças populacionais tentam modificar na sua mente. Na altura da redação deste livro, vivia-se um período intenso de inflação que cada vez mais era demonstrado excessivo relativamente à austeridade económica que se vivia, sobretudo pela exploração dos operadores comerciais ao nível dos bens e serviços essenciais, como os cabazes alimentares e o acesso aos combustíveis. A par disto, os jovens adultos à entrada no mercado de trabalho ou no início da sua carreira enfrentam profundas dificuldades de emancipação em todo o mundo, vendo-se privados, relativamente aos seus rendimentos, de viver uma vida que era partilhada pelos seus antecessores. As condições habitacionais e as taxas de esforço a que são sujeitos tornam, para muitos, uma vida proibitiva nos centros das grandes cidades, o que elimina com grande probabilidade o acesso a carreiras decentes e adequadas às suas aspirações. À medida que cada vez mais, as (poucas) oportunidades de crescimento na carreira profissional, com capacidade para uma vida familiar de qualidade e de segurança, são concentradas nas grandes e megacidades, que acabam por não produzir condições de vida dignas e sendo cada vez mais e apenas acessíveis àqueles cujo poder de compra já é muito acima da média. Estas são parte das verdadeiras raízes do contínuo aumento do fosso entre os mais ricos e mais pobres, não sendo passível de qualquer tipo de regulação segundo o modelo de governação atual.

As políticas macroeconómicas estão a ser, implicitamente, definidas por instituições e organizações supranacionais, enquanto os governos tentam, no seu pequeno espaço de manobra e altamente influenciado por interesses paralelos, dar uma resposta às necessidades do povo.

Perante o envelhecimento populacional, e, cada vez mais, o número crescente de pessoas com necessidades sociais de acompanhamento, os sistemas de segurança social dos países enfrentam também enormes desafios, que se refletem na qualidade de vida nos últimos anos. A perceção que os descendentes vão sentido, também não melhora ao observar que a sustentabilidade económica é tão frágil, que poderão ainda ser alvo de menor satisfação das suas próprias necessidades quando chegar a sua altura. Esta bola de neve estará então a modificar as ambições e expectativas para o futuro e, mesmo com a dificuldade que existe na representação intergeracional, qualquer movimento como aquele impulsionado por uma jovem em contexto escolar, como a Greta Thunberg, pode influenciar milhões de pessoas em todo o mundo em torno de uma causa comum. O desafio continua em conseguir manter a mesma agregação e impulso pelas demais causas sociais.

Numa fase aguda de permanentes crises, após os efeitos de isolamentos sociais, disrupções de normais atividades escolares, efeitos de incerteza enormes, perdas de rendimento e de trabalho em contextos de elevada precariedade, impactos individuais e familiares da inflação, crises energéticas e exposições a conflitos armados, a saúde mental e o bem-estar da população têm sido postos à prova numa magnitude nunca antes vista[36]. Além da emergência da consciencialização sobre esta pandemia silenciosa que há muito assola populações em todo mundo, acresce agora a urgência na sua abordagem com as consequências descritas e o número elevado de pessoas em condições de sofrimento patológico sem paralelo. Em particular na União Europeia, se for analisado ao longo do tempo, o resultado de pessoas em risco de depressão ou ansiedade, como duas das principais condições de saúde mental, esta tem diminuído desde a primeira vaga da pandemia da covid-19, em março de 2020, mas sem regressar aos níveis de pré-pandemia[37, 38]. Os efeitos e exposições acumuladas estão também a afetar desproporcionalmente os mais jovens pelas razões descritas, com um número preocupante de crianças com desenvolvimento neurológico desviante, alvo de intervenção farmacológica e com dificuldades de aprendizagem. A estes acrescem os efeitos da permanente dificuldade em manter atividades escolares normais durante os últimos três anos, em todo o mundo, e, acima de tudo, a exposição ao fenómeno das redes sociais, em que independentemente de existir potenciais vieses de interpretação, está a traduzir-se num aumento de casos graves de saúde mental, incluindo tentativas de suicídio ou mesmo a sua efetivação. A idade precoce de iniciação de consumos de tabaco, álcool e drogas é preocupante e traduz-se numa interação de exposições complexa e potencialmente exponencial de qualquer pior resultado para o seu futuro.

Apesar da descrição da perceção das pessoas em prol da mudança, continuam a existir muitas crianças, adolescentes e jovens adultos a ficarem para trás e a percecionarem a sua própria vida como irreversível ou desnecessária, o que deve levar toda a sociedade a repensar como o suporte social deve ser aumentado, assumindo que cada família, amigo, associação, organização, local de trabalho ou governo deve atuar neste processo de ajuda. Uma vez que discutimos como as perceções das pessoas se têm modificado e como são modificadas por forças populacionais que individualmente são difíceis de mudar, se por vulnerabilidade individual, estas já estiverem mais frágeis e sensíveis, maior a incapacidade de retenção e modificação dessa mesma perceção, impedindo o desenvolvimento social pretendido, porque as comunidades tornam-se tão doentes, quanto a doença que cada um dos seus indivíduos têm. Uma vez mais, a liberdade individual de determinado indivíduo encontra-se condicionada e requer uma grande rede coletiva de segurança e de modificação desse mesmo estado.

Assim, o poder inserido pelas pessoas individualmente e enquanto grupo populacional depende da forma como estas percecionam o ambiente em que se inserem, as decisões políticas que são tomadas e como estas afetam o seu dia a dia e, em última instância, como se traduz em resultados de bem-estar individual e social. O modelo de pensamento e organização parece ter evoluído num formato que serve o interesse de alguns em detrimento da maior parte dos restantes, focando em interesses que parecem longe das pessoas, mas ao mesmo tempo chegam em instantes aos telemóveis e redes sociais, independentemente do local geográfico. Para enquadrar melhor a forma como estas perceções se podem traduzir nas estruturas societais atualmente em vigor, tal como descrito por Graeber e Wengrow, as liberdades primordiais, que durante a maior parte da história da vida humana foram entendidas como tal, são a liberdade de circulação, a liberdade de desobediência e a liberdade de criação ou transformação de relações sociais[5]. Qualquer uma delas está intimamente conectada e desvirtuada no contexto do modelo de governação hierárquico atual e da desigualdade das mulheres em relações aos homens, como previamente referido. A importância da transmissão e gestão de conhecimento é essencial na redução das assimetrias de informação, que alavancam aparentes legitimidades de remeter qualquer indivíduo para longe do poder de decisão, dado este por defeito não ser capaz de ser parte integrante dessa mesma decisão. O fundamento base da criação de estruturas administrativas e do sistema burocrático, apesar de atualmente ser fundamento nesse propósito, não foi criado com esse intuito, mas antes como ferramenta de auxílio a todo e qualquer cidadão na gestão diária de património e de bens comuns. Por outro lado, os sociólogos e antropólogos que defenderam a ideia de que qualquer cidade ou organização social, a partir de determinada dimensão populacional, requeria sistemas de manutenção das regras normativas, através de cadeias hierárquicas, também tem vindo a perder força e constitui um paradigma ainda por explorar, dada a liberdade à desobediência poder ser efetiva desde que enquadrada num robusto sistema e rede social, em que tal liberdade é legítima e aceitável pela condição de base em que é realizada[5]. Veja-se os inúmeros impactos de extremos em que, atualmente, a força policial, sobretudo nos Estados Unidos da América, dirigida a grupos de pessoas afro-americanas, atua com consequências fatais ou, por exemplo, a alimentação do direito à posse de armas letais que proporcionam contínuos episódios de tiroteios em massa, particularmente em contextos escolares ou zonas religiosas por motivos de intolerância[39, 40]. E, em terceiro lugar, a liberdade de criação ou transformação de relações sociais que atualmente se encontra consideravelmente ameaçada, paradoxalmente, acentuada desde o início da era das redes sociais. Atualmente, as populações vivem num contexto em que as suas decisões sociais são, em muitos casos, não toleradas ou imediatamente excluídas por qualquer contra-argumento, ainda que sem sentido lógico, levando a uma inibição crónica da criação de movimentos e consensos sociais, nomeadamente locais e/ou comunitários, que uma vez mais permitem alinhar as liberdades individuais com o bem-estar e organização social.

Deste modo, e em resumo, o poder das pessoas é essencial para o futuro sustentável nas dimensões sociais, económicas e ambientais, pese embora se viva uma crise de identidade tanto individual como social. O crescimento de segmentos populacionais inseridos numa transição digital, expostos a mais informação e com maior espírito crítico parece, por seu lado, estar a provocar movimentos disruptivos que criam janelas de oportunidade e luzes de esperança no que são as mudanças necessárias face a um sistema de governação de cima para baixo, que utiliza todas as suas ferramentas para manter o *statu quo*. As inúmeras crises, a elevada esperança de vida, as desigualdades de género, as perspetivas de carreira profissional e condições de vida familiares e sociais estão a despertar as consciências para mudanças sociais, que começam nas comunidades onde as pessoas estão inseridas e que não é necessariamente obrigatório continuar a ser subjugado deste modo, sem antever melhorias no futuro. A perceção das pessoas pode ser moldada, tendo durante centenas e até milhares de anos sofrido de dissonância cognitiva, mas a capacidade de pensamento, aliado à transição digital e artificial, poderá ser um ponto de viragem e de emancipação social nos vários setores da sociedade. Exploraremos no próximo capítulo como a compreensão do risco pode ser uma alavanca importante neste processo.

Capítulo 3
A compreensão do risco

It is the curse of humanity that it learns to tolerate even the most horrible situations by habituation.

— Rudolf Virchow

Para muitas pessoas, uma viagem de avião é um processo que cria enorme ansiedade, desde o momento em que se chega ao aeroporto, ao observar o habitual dispositivo policial em seu redor, ao controlo apertado a nível das portas de embarque, nos quais os oficiais de segurança verificam todos os pertences e, às vezes, com inspeções mais personalizadas, até ao momento em que se entra dentro da própria aeronave, onde durante a viagem se sente a vibração criada pelas condições atmosféricas, desde perdas de pressão a turbulência. Enfim, para muitas pessoas é, em si, uma viagem assustadora em que colocam nas mãos de outrem a capacidade de gerir todo o processo, apenas esperando chegar ao seu destino são e salvas. Por outro lado, muitas vezes, essas mesmas pessoas conduzem diariamente os seus próprios veículos para os seus locais de trabalho, para levar as crianças à escola ou para ir ao supermercado. Muitos destes trajetos efetuados nem são recordados assim que chegam ao seu destino, não imobilizam completamente a viatura quando estão numa interseção com um sinal de trânsito de STOP, esquecem-se de sinalizar todas as manobras efetuadas, são complacentes com os períodos temporais definidos para fazer a revisão ao nível de óleo no motor ou da pressão de ar dos pneus, aproveitam para verificar uma mensagem no WhatsApp ou enviar uma mensagem de áudio ou, ainda, acabam por não moderar a sua velocidade em dias de piores condições meteorológicas, até porque já se encontram familiarizadas com o trajeto. Vejamos outro exemplo: devido à exposição contínua de peças de reportagem que mostram eventos de homicídios, violência ou outros tipos de criminalidade associado a roubos ou furtos, as pessoas tendem a sentir um receio superior ao que consideram ser o «antigamente», sobretudo os grupos de população mais idosa, associado também a órgãos de comunicação social mais sensacionalistas[41] e, ao mesmo tempo, quando recentemente perante a possibilidade de aceder à administração da vacina contra a covid-19, assim que esta ficou disponível, observou-se uma enorme relutância, devido a convicções pessoais e de gestão da incerteza, apesar das mensagens veiculadas de segurança e efetividade associadas à mesma, permitindo uma maior capacidade de voltar a ter uma vida com maior normalidade[19].

Estes exemplos iniciais centram-se em algo que o ser humano, regra geral, tem dificuldade em percecionar na sua vida e é transversal à generalidade dos níveis escolares e graus profissionais, que está relacionado com a presença de denominadores no constructo social. Como tem vindo a ser referido neste livro, tal se deve também a um longo período de desenvolvimento cognitivo sobre uma lógica rápida e de resposta direta, com foco nos fatores proximais e que são influenciados pelas retóricas contínuas da liberdade individual exclusiva (o termo da exclusividade é recorrentemente utilizado, para não confundir com o cruzamento da liberdade individual com os padrões de suporte coletivos). A análise da pandemia da covid-19 atua como um caso de estudo recente e importante em termos de intervenção real, a nível global e transversal a toda a sociedade, sendo o ponto de partida ideal para as nossas reflexões ao longo deste capítulo. Qualquer doença infetocontagiosa tem dinâmica de transmissão que depende de um conjunto de fatores, em particular do próprio agente patogénico, do ambiente (diga-se condições meteorológicas, qualidade do ar ou da água, entre outros), do hospedeiro (em particular de condições que aumentem a vulnerabilidade do mesmo ou de fatores protetores, como a idade, o sistema imunológico alterado por vacinação ou a presença de anemia falciforme como forma de evolução biológica adaptativa e protetora contra a malária) e das condições sociais que determinam as interações entre indivíduos ou hospedeiros intermediários, no que habitualmente se considera como a história natural da doença em causa[42–44]. Em relação à infeção por SARS-CoV-2, o agente patogénico que causa a doença covid-19, os seus fatores foram-se modificando ao longo do tempo, devido às novas mutações e variantes que foram surgindo (*e.g.* alfa, beta, ómicron), as alterações nas medidas de saúde pública e, notavelmente, a cobertura vacinal contra a covid-19. Ora, o que também foi observado ao longo do tempo, foram diferentes níveis de resistência individual e social, em todos os países e de acordo com a intensidade de restrições sociais em vigor nos diferentes países e como estas se relacionavam com a perceção de risco sentida pela população.

No primeiro contacto com a disseminação global do vírus, momento em que se observou um maior sentimento comum devido ao desconhecimento de uma ameaça, em que o valor da incerteza era transversal a toda a sociedade, desde os decisores aos cidadãos, a aceitabilidade das decisões de restrição, em particular o confinamento domiciliário obrigatório para a toda a população deveu-se sobretudo à sua proteção individual e do núcleo familiar e por força de uma perceção de incerteza, que não era gerada diretamente pelos números diários reportados. Aliás, eram referidos como número absolutos e não relativos, mas já lá chegaremos. Num momento posterior, em contexto de vagas mais intensas, as populações começaram a divergir em termos da aceitabilidade destas mesmas medidas, em particular naquelas que eram aplicadas individualmente quando era observado um risco superior, em comparação com aqueles que já estavam efetivamente doentes. A diferença entre isolamento por doença laboratorialmente detetada e quarentena, aqueles que estavam expostos e enquadravam-se num conceito de difícil penetração social — período de incubação —, começaram a sentir uma injustiça da medida restritiva que lhes era aplicado. Aliás, em diversos países da União Europeia foram adotadas outras medidas muito mais libertárias que depois vieram, de uma forma agrupada e geral, a não se traduzir efetivamente em melhores resultados obtidos na prevenção, controlo e mitigação da pandemia. Mas regressando à ideia anterior da compreensão dos efeitos em termos da pessoa e do coletivo, as medidas adotadas começaram a criar uma reivindicação social crescente, com países a enfrentar fortes contestações e manifestações, através de protestos com magnitudes por vezes violentas. Em particular, o momento após a introdução e disponibilização da vacina contra a covid-19 reforçou esta ideia, ao levar as populações a não compreenderem porque continuavam a ser alvo de medidas restritivas, mesmo após terem sido administradas com a vacina (devendo ter ficado claro que o objetivo principal da vacina foi proteger da doença grave e ocorrência de óbito, e não da possibilidade de ser infetado e/ou transmitir a doença)[17,19].

Onde se pretende chegar é, precisamente, à compreensão do risco, como efeito que antecede o resultado que se pretende evitar o qual tem um grau de incerteza que é, muitas vezes, usado tanto no bom como no mau sentido. A sua perceção e compreensão dependem, também, da capacidade de comunicação desse mesmo risco e da capacidade de escuta e interiorização da informação. Além deste ponto, a diferença entre a compreensão deste risco a nível individual e coletivo foi substancialmente posto à prova durante a pandemia, dado várias medidas incidirem precisamente na proteção do risco coletivo, desde a utilização de máscaras cirúrgicas (apenas protegem o outro e não o próprio) às medidas complementares à vacinação, que após serem administrados, nomeadamente, após o esquema vacinal primário, o próprio indivíduo encontrava-se mais protegido, mas, ainda assim, tinha o potencial de adquirir a doença e transmiti-la a outros, que apesar de também vacinados, poderiam ser mais vulneráveis e levar ao desenvolvimento de doença grave e outros desfechos ainda piores. Outro fator a ter em conta, é que na natureza e na matemática não há, empiricamente, riscos zero nem cem, o que é implicitamente relevante na gestão da incerteza. Nesse sentido, e como referido, a gestão do risco pandémico foi praticamente transversal em todo o mundo, mesmo em países cujos regimes autoritários teriam mais facilidade no decreto de certas medidas restritivas[2]. Para tal, veja-se o exemplo mais recente da China que tem vindo a adotar sucessivamente a «política zero» relativamente à gestão do risco da pandemia da covid-19, mas acabou por ter de ceder na implementação

[2] A relação entre o tipo de regime político e os resultados observados na proteção da saúde das populações durante a pandemia pela covid-19 não é linear, sendo que apesar de uma maior probabilidade de enquadramento legal pelos regimes totalmente ou tendencialmente autoritários, outros fatores culturais e sociais, como a opção por uma narrativa anticiência levou, nalguns casos, a impactos negativos superiores a outros regimes democráticos[45,46].

da política após o crescente descontentamento e revolta da população contra as medidas em vigor[47].

Falemos, ainda, de um outro exemplo relacionado com os fatores emocionais e a razão, que ainda são mais cinzentos do ponto de vista da capacidade atual de quantificação. Quando as mulheres iranianas se revoltam nas ruas contra as políticas restritivas definidas pelo seu governo e desafiam diretamente a legislação em vigor, que as obriga à utilização de burca e à impossibilidade de ter qualquer componente capilar à vista, será que compreendem e, ainda mais, estão dispostas a correr esse risco em prol, no limite, da sua vida?

Quando um cidadão russo decide juntar-se à revolta popular contra a decisão do seu presidente de perpetuar uma guerra, em que obriga à requisição civil parcial de jovens adultos para a frente de combate, comprometendo os seus projetos de vida em curso e, em última instância, a sua vida, compreende e aceita correr o risco de ser julgado e ver os seus direitos individuais serem diminuídos fruto dessa decisão?

Quando um cidadão indiano ou do Bangladeche decide atravessar um continente inteiro, sem garantia da sua proteção individual e dos seus direitos enquanto migrante, com fins laborais para proteger a sua família e sendo exposto a condições que vão contra quaisquer Direitos Humanos básicos, muitas vezes integrado em redes de tráfico humano, será que compreende e aceita o risco que está a tomar?

E, transversal aos exemplos anteriores, quando se poderá expressar esse mesmo risco ao longo da vida de cada um?

Não sendo de forma imediata, estarão as pessoas preparadas para sofrer consequências uma década ou duas mais tarde?

Estes exemplos consistem em motivos intrínsecos, movidos pela razão e emoção individual em prol de um bem-maior, ou seja, de uma coletividade seja esta a causa ou a consequência das decisões dos exemplos das pessoas que optaram por fazer parte desses movimentos, estilos de vida ou situações de revolta. O mesmo se pode aplicar às decisões de relações conjugais ou de filhos, em que o sentimento leva a um maior número de pessoas a assumir riscos, que em muitos casos não compreendem, nem conseguem quantificar, mas que, em qualquer cenário, a decisão seria nove em cada 10 vezes sempre a mesma. Onde se pretende chegar é que, mesmo em áreas onde ainda estamos a dar os primeiros passos na compreensão individual e, consequentemente, social de uma exploração e investigação mais aprofundada, como são as emoções, a razão e o cérebro humano, a gestão do risco fazem parte do quotidiano de todos os seres humanos[20].

Ao explorar três áreas diferentes, nos movimentos geográficos, nas situações que ameaçam a saúde e nos casos em que somos movidos pela emoção e pela razão, a aplicação do conceito de incerteza, através da definição mais básica de risco, esteve sempre presente e influenciada por vários fatores. Enquanto todos os animais têm capacidade de ponderar este risco, veja-se por exemplo a decisão de uma alcateia de leões atacar um elefante, com as consequências que isso pode trazer para um ou vários elementos desta alcateia, os seres humanos pela sua superioridade cognitiva conseguem adicionar maior complexidade à decisão, embora sejam por defeito avessos a esse entendimento. A partir do momento que um maior número de pessoas, a nível global, consegue viver além de ter que satisfazer as suas necessidades básicas de vida por via de arriscar a sua própria existência (infelizmente, em 2020, 149 milhões de crianças com menos de 5 anos sofriam de condições de subnutrição[48], e cerca de 3,3 mil milhões de pessoas estão em maior risco de sofrer impactos na sua vida fruto das alterações climáticas[49]), passa a expor-se ao nível seguinte de necessidades, como refletido na pirâmide hierárquica de Maslow[50], onde os determinantes que influenciam as decisões e os resultados sobrepõem-se e complexificam-se. Em particular, passam a entrar em cena diversos atores, interações e fatores de confundimento que, em si, aumentam a possibilidade de alimentar as diferenças nas escalas sociais, com base na literacia de cada indivíduo e na coletividade onde este se insere, assim como as respetivas dimensões éticas, em particular, a epistemologia da compreensão.

A decisão de determinado consumo material é, atualmente, muito veiculado pelo marketing social e publicitário que atribui um valor imaterial à sua aquisição, procurando influenciar uma ideia de bem-estar. Onde se pretende chegar, mais uma vez, é que as decisões dos vários tipos de consumo, incluindo na saúde, através dos vários produtos vitamínicos e minerais que são, diariamente, publicitados, fazem parte de um esquema comercial cujo fator placebo é aquele que mais sobressai, a partir de uma necessidade criada pela indústria que baseia a sua atividade no funcionamento do mercado. Se, por um lado, o ser humano sente dificuldade em lidar com os riscos que apresenta, particularmente naqueles que o efeito causal não é imediato, como temos vindo a discutir e que já lá regressaremos, ao mesmo tempo, à medida que os produtos de interação são superiores e altamente influenciados pelas externalidades a que é exposto diariamente, via os vários meios de comunicação, sejam redes sociais, televisão ou por via de informação e pressões políticas, cada vez mais prefere demitir-se dessa compreensão ou remeter-se ao efeito da análise simples e imediata, uma vez mais, o pensamento linear. Assim, o modelo de governação atual influencia os cidadãos a sentirem-se distantes dos fenómenos que levam à sua aparente decisão individual, enquanto apela à liberdade individual como sinónimo da responsabilidade social, destacando o valor intrínseco de cada um. Ora, tais conceções estão a colocar em risco, passa-se a expressão, toda a organização social como já descrevemos politicamente, pela natureza dos humanos enquanto seres sociais e porque todo e qualquer risco depende de uma relativização na sua medição, seja quantitativa ou qualitativa, em relação à posição dentro de um grupo ou por comparação de grupos. E esta é tanto a beleza como o diabo dentro da compreensão do risco e que faz as pessoas somatizarem sinais e sintomas de ansiedade por viajar de avião, a par de ser o meio de transporte mais seguro até atualmente construído pelo Homem (de longe, diga-se que a chance de morrer num acidente aéreo é 1 em 11 milhões), enquanto, por sua vez, o automóvel é o meio de transporte com maior risco de incapacidade e de morte (chances de 1 em 107), o que não parece refletido em muitas pessoas quando vamos na rua[7]. O mesmo se aplica à necessidade de ter de fazer quarentena. Quando a pessoa estava em risco superior à população em geral de vir a desenvolver infeção por SARS-CoV-2 e influenciar outros à sua volta, ou quando por ser só uma «constipação» não vale a pena ficar no domicílio e vai para o local de trabalho, expondo todos os colegas de trabalho ao agente que está a causar aquela determinada infeção respiratória.

De forma a explicitar melhor, veremos agora como os riscos são construídos, dando o exemplo prático da aplicação no ramo da epidemiologia (ciência que estuda a doença, os seus fatores determinantes e como estes se distribuem na população), uma vez que a ausência de saúde pode ser capaz de causar vulnerabilidade em qualquer indivíduo independentemente da sua condição socioeconómica, género, etnia ou outro qualquer fator cultural ou social. Em Londres, caminhando pela *Broadwick Street* em frente ao *pub* com o nome epónimo, encontra-se a mais conhecida bomba de *Broad Street*, a qual foi identificada pelo médico britânico John Snow como a fonte de água contaminada por cólera, que estava a causar um número elevado de doença grave gastrointestinal e, consequentemente, óbitos, incluindo de crianças[51]. Esta ação, descrita por muitos, como um primórdio na aplicação dos métodos de epidemiologia de campo, teve por base uma investigação meticulosa por John Snow, em 1854, apenas através do mapeamento dos óbitos ocorridos por causas semelhantes entre os vários distritos em torno desta área. Recorde-se que nesta altura ainda não se tinha evoluído no conhecimento técnico-científico relativo às origens dos agentes patogénicos como fonte de doenças infectocontagiosas sendo, portanto, uma época de imaturidade no conhecimento microbiológico. No entanto, o mais fascinante desta ação de aplicação do método epidemiológico, é que se focou na identificação de padrões e diferenças entre os comportamentos de pessoas com e sem doença, tendo John Snow colocado, como hipótese, a água ser um veículo de transmissão hídrica de doença, em particular a água consumida pela bomba de *Broad Street*. Enquanto a população saudável normalmente bebia e usava água de uma fonte que provinha de uma determinada companhia, as pessoas doentes usavam a fonte que se encontrava contaminada. Após a proposta de encerramento dessa fonte, deixou de se observar casos semelhantes, confirmando a suspeita inicialmente encontrada. O segundo ponto fascinante desta peça notável de história com repercussões na saúde de todos nós, é que se relaciona totalmente com a compreensão do fenómeno de risco, tal como John Snow conseguiu identificar, não se ficando, apenas, pela observação da população doente. Este médico teve a destreza e a inteligência de conseguir entender as diferenças e tentar quantificá-las, através do célebre mapa, ainda existente, medindo assim o risco entre uma população exposta a determinado fator de risco e a não exposta a esse fator, identificando as causas mais prováveis. Deste modo, a epidemiologia é uma ciência muito interessante para a compreensão deste fenómeno, dada a sua permanente pesquisa da quantificação, mas reconhecendo a importância da componente qualitativa uma vez que se foca em pessoas, que vivem no mundo natural e que estão sujeitas a diversas componentes que afetam as suas vidas individual e coletivamente.

A aplicação do conceito de risco depende assim de duas premissas essenciais, independentemente do ponto de partida. Em primeiro lugar, enquadra-se sempre numa comparação e, em segundo lugar, depende sempre de diferenças[52]. Ora, no primeiro caso, a comparação é o que permite relativizar o risco em relação a um conhecimento ou dado predefinido, ou seja, não é possível arriscar sem saber qual seria a contrapartida para o ato não ocorrer ou outra opção ser tomada. E, neste sentido, na compreensão do risco torna-se essencial a literacia e conhecimento de base e está intimamente ligado com o modelo de governação atual em que vivemos. O facto de não existir quase nenhum contrafactual para refletir e definir o risco para o bem-estar de uma população, em continuar a perseguir uma lógica de organização social, dificulta a mudança e facilita a perpetuação da retórica relativa ao modelo atual, apenas dizendo que é aquele que melhor serve os interesses das pessoas. Relembremos o exemplo inicial relativamente às perceções de criminalidade pelas pessoas mais idosas de um determinado país, ao mesmo tempo que este regista taxas de criminalidade muito baixas, podendo até causar alterações no quotidiano por receios infundados e alimentados por veiculações de notícias mais ou menos sensacionalistas. O facto de se perpetuar uma ideia com base em eventos únicos, medidos de forma absoluta, sem existir, ao mesmo tempo, uma comparação ou ponderação no grupo como um todo, aumenta a possibilidade de as pessoas considerarem que aquele evento é comum. O mesmo acontece, de forma muito frequente, entre eventos sensacionalistas, como crimes, atos de violência e questões judiciais envolvendo pessoas de etnia cigana ou africana, aumentando a ideia da população em geral que estes grupos populacionais estão mais associados a determinados comportamentos que, quando enquadrados em todos os eventos, tal não se verifica[53]. O comportamento racista tem como base e sustentação esta incapacidade de compreender e corretamente percecionar os riscos entre os eventos observados, criando generalizações inadequadas que, em última instância, está a fazer emergir os movimentos políticos populistas e de extrema-direita que, tal como referido, ganham popularidade com base nestas retóricas falsas e desvirtuadas da realidade. A separação dos indivíduos da participação e das decisões relativamente às políticas e fatores que influenciam o seu dia a dia, também demonstram estas consequências, que a médio e longo prazo, diminuem o conhecimento e o pensamento críticos essenciais na manutenção e coprodução de uma organização social robusta, resiliente e madura.

A observação de diferenças é a segunda premissa, que deriva e é interdependente da primeira, sendo essencial na compreensão do risco, enquanto efeito da incerteza. Perante a igualdade, em termos absolutos, não seria possível equacionar probabilidades entre os grupos em comparação e, assim, identificar padrões ou estratos na informação obtida. Em efeitos práticos, no dia a dia, o desafio não se coloca tanto em sentir as diferenças, mas antes em garantir que estas não estão enviesadas, ou seja, que não surgem da perceção de eventos sem o tal denominador previamente discutido. Por isso, apesar de não ser, em muitas situações, explícito este fenómeno como necessário na compreensão do risco, ele acaba por ser antes inferido incorretamente ou exageradamente em relação à realidade. O facto de tal não ser esclarecido ou mais bem explicado, acumula erros sucessivos, criando raízes culturais que por mais políticas educativas ou medidas corretoras sejam introduzidas, sem alteração destas perceções individuais, em nada irá alterar as consequências dos riscos sentidos. Uma recente peça num jornal de distribuição diária, em jeito de conclusão, apresentava uma imagem de um passeio construído com enorme qualidade arquitetónica, envolto num parque verde bem tratado e organizado. No entanto, após algum tempo desde a sua abertura ao público, observava-se que no local em que este realizava uma curva, tinha sido criado um trilho pelas pessoas que por lá passavam diariamente, em que esse «corta-caminho» tornava-se mais prático. Naturalmente, neste exemplo, as pessoas ao passar pelo caminho compreendiam o risco entre ir pelo caminho normal do passeio ou então seguir o trilho antropogénico criado numa fase posterior, como um risco que consideravam correr, dado trazer maior benefício em termos de tempo e caminho percorrido. No entanto, se considerarmos outras variáveis na compreensão deste risco, como as ambientais pela danificação do parque verde e os custos económicos pela não utilização do passeio criado ou pela contínua reparação deste parque, devido ao desgaste a que diariamente estava exposto, poder-se-ia verificar aqui também, que ao ter em conta apenas o risco individual e não o risco coletivo, havia uma tendência para os fatores culturais manterem o *statu quo*. Claro que, por outro lado, no momento da decisão de construção do passeio, caso se se tivesse auscultado as pessoas ou realizado visitas de campo, poder-se-ia ter antecipado tal cenário e criado condições para responder a uma necessidade e, consecutivamente, comportamento esperado pelas pessoas. Uma vez mais, os mecanismos de governação atuais alimentam um *statu quo* que em nada se esforça para modificar tanto uma melhor compreensão do risco, como incluir na sua perceção a componente coletiva além da individual.

Discutiremos agora a última e talvez mais importante dimensão da compreensão do risco, que está relacionada com as consequências, em termos de ações levadas a cabo pela população, a partir desta mesma compreensão. Desde o princípio de tudo que o ser humano se move correndo riscos, enfrentado a incerteza e, por linhas muitas vezes tortuosas, fazendo um caminho de descoberta que os historiadores têm descrito conceptualmente, por via de revoluções — agrícola, industrial, digital — ou por via da evolução na capacidade de aceder e utilizar bens materiais — Idade da Pedra, do Bronze e do Ferro —, sendo todos estes momentos considerados pontos de viragem no rumo evolutivo, procurando-se tecer as considerações com base na observação posterior e/ou anterior dos eventos[5]. Em pleno século XXI, o ser humano encontra-se a enfrentar riscos, no âmbito por exemplo da inteligência artificial, que ainda se desconhece tanto o potencial positivo como negativo de tais ferramentas, tendo já entrado na geração das redes sociais que veio alterar o fenómeno de liberdade de relações interpessoais e sociais, como descrito no capítulo anterior. Neste sentido, pretende-se concluir que o absoluto conhecimento e certeza seriam, em parte, um potente inibidor à evolução e inovação, podendo incorrer em custos reversivos para a humanidade como um todo. A permanente busca pela descoberta é um mecanismo, filosoficamente apresentado como o desafio cognitivamente desafiador para uma vida que não é eterna individualmente, mas, tendencialmente, eterna coletivamente. Ao considerar neste momento os oito mil milhões de pessoas que habitam o Planeta Terra[27], em comparação com os mais de 117 mil milhões que já habitaram[54], o valor da evolução e desenvolvimento não residem naturalmente num indivíduo, mesmo que se considere as figuras como Galileu Galilei, Thomas Edison, Marie Curie, Albert Einstein ou todos os demais laureados com prémios nobéis, por comparação a todos os outros que fizeram pequenas descobertas ou transformações que ao longo da sua vida individual resultaram em contributos para a vida atual coletiva, raramente valorizados, sendo assumidos como um dado adquirido.

Assim, chegando à realidade atual, os comportamentos adotados têm sido muito diversos perante os riscos que se pretendem correr, as fases da vida, as conjunturas ambientais e sociais em que cada pessoa e grupo populacional se encontra, assim como as suas capacidades intrínsecas e materiais para fazer face a esses mesmos riscos. A partir dos exemplos previamente referidos, o que se tem vindo a observar é que parece existir uma errónea interpretação dos riscos quando estes são assumidos, assim como uma alocação dos vários recursos em prol de tais esforços, muitas vezes, com efeitos muito mais deletérios do que benéficos. Uma vez mais, estes efeitos negativos parecem, ainda, afetar desproporcionalmente aqueles com menores condições de fazer face às adversidades à partida, o que está intimamente correlacionado com o aumento de desigualdades quando temos fenómenos de enorme intensidade externa — crise económica em 2008, pandemia da covid-19, emergências climáticas. A par dos efeitos sociais, climáticos e económicos que, individualmente, a grande maioria das pessoas tem uma baixíssima capacidade de alterar, ainda para mais numa única geração, a resistência à mudança como efeito inato, o qual foi implementado cognitivamente nos seres humanos, o que paradoxalmente não se alinha com as descrições dos historiadores que acabamos de descrever. Em todo este livro, iremos procurar colocar questões e levantar hipóteses sobre porque chegamos a um momento da vida humana em que apenas damos como garantido certas condições e, porque entre aquelas que até iniciamos um processo de desconstrução, é-nos sempre referido como um efeito de enorme complexidade e, lá está, «não compensa o risco». Assim, o modelo de governação das sociedades atuais parece alimentar ações que advenham de riscos que irão afetar apenas quase exclusivamente o indivíduo, remetendo todos os restantes riscos para uma incerteza, complexidade e esforço que afasta qualquer um de tentativa de mudança. Considerando os instrumentos sociais que tentam emergir no sentido de assumir riscos coletivos, como por exemplo, os sindicatos que são tendencialmente mal recebidos por entidades patronais e governantes, uma vez que estes pretendem modificar precisamente o efeito da incerteza que altera o rumo do modelo de governação em vigor, sendo o mesmo aplicado aos inúmeros movimentos e organizações que já foram apresentadas anteriormente.

Em jeito de conclusão, a compreensão do risco requer uma abordagem compreensiva e muito mais aprofundada em conhecimento, sentido e responsabilidade. Por um lado, há um conjunto de novas gerações que, perante os valores do futuro sustentável, estão mais conscientes para melhor compreender as formas de medição, tanto qualitativa como quantitativa, dos riscos individuais e coletivos e como estes podem ser geridos e, sobretudo, comunicados. Por outro lado, observa-se uma necessidade de responsabilidade social de grupos populacionais mais experientes e com poderes de decisão, serem capazes de fornecer as ferramentas necessárias para a aprendizagem e abordagem destes fenómenos que vão além da retórica individual de aplicação dos conceitos de risco e, consequentemente, das ações enviesadas que estes podem provocar. Trata-se verdadeiramente de um falhanço social se continuarmos a permitir que, tal como as mulheres iranianas a lutar pelas liberdades individuais ou as pessoas de níveis socioeconómicos mais baixos quando, em maior risco de contágio da covid-19 e, inclusivamente, com maior probabilidade de terem doença grave, continuem a desafiar as liberdades do direito à desobediência e estejam conscientes dos riscos que correm. No entanto, ao mesmo tempo, para que esta consciência seja clara e justa para todos os grupos sociais, têm de ser oferecidas as condições necessárias para que a aplicação de tais liberdades seja efetuada em maior nível de consciência. Verifica-se uma necessidade de compreender que uma perpetuação de um estilo de vida que não seja saudável, com padrões de obesidade, falta de atividade física e baixas condições de saúde mental, por exemplo, não pode ser atribuído apenas à pessoa individualmente, mas a toda a sociedade que ao longo de décadas e séculos tem proporcionado condições de dificuldade e, infelizmente, em muitos casos, intencionalmente, para que as apropriações culturais se tornem tão enraizadas que passam a ser consideradas como definitivas e ou irreversíveis. É precisamente neste ponto e conceito que as reflexões deste livro tentam modificar, as considerações que em plena fase de transição e transformação digital, numa nova fase da vida humana com tantas e imensas possibilidades, desde a modificação genética pré-concecional às viagens turísticas à Lua, que as populações têm de ser capazes de ascender às oportunidades que o mundo tem para oferecer, sem colocar em causa as futuras gerações.

Ao longo do tempo, têm sido várias as áreas em que os riscos acumulados e assumidos são de tal maneira nefastos que perante as ocorrências de eventos, arruínam estratos inteiros, e não só de seres humanos, mas também do mundo animal e natural. Por fim, o contexto em que os riscos são assumidos modificam-se ao longo do tempo, pelo que se trata de um processo dinâmico que requer uma aprendizagem e apropriação contínuas destes fenómenos, assim como a aquisição dos instrumentos necessários às mudanças de perceção das ações consequentes. O momento de compra de casa, através da aquisição de um empréstimo, requer uma decisão das pessoas que depois é validada por um algoritmo bancário que determina um risco, que permite ou não à mesma pessoa ser concedido esse empréstimo. No entanto, os parâmetros utilizados, em momentos de maior dificuldade económica individual ou conjetural, alteram a incerteza associada a essa mesma aquisição e, assim, os resultados obtidos. É neste contexto, em que diariamente todos os seres humanos tomam as suas decisões com impacto individual e coletivo, que todos os fatores devem ser apresentados e devidamente compreendidos de forma elucidada. Com efeito, os modelos que nos governam devem assumir a responsabilidade dessa informação corretamente disponível nos vários momentos da vida para uma melhor decisão, de modo a garantir o melhor bem-estar possível.

Capítulo 4
O discurso económico e o valor da redistribuição

Quem é feliz fará os outros felizes também.
— Anne Frank, em *O Diário de Anne Frank*

As finalidades que movem o mundo nem sempre foram igualmente interpretadas ou mesmo definidas, existindo diferenças nas conceções das utilizações dos bens e serviços excedentes que foram sendo produzidos e como seriam distribuídos para armazenamento. Partindo de uma perspetiva de escassez de recursos para colmatar essas mesmas finalidades, as populações e, consequentemente, as suas organizações sociais foram-se modificando de forma a adaptarem os seus valores, normas e padrões éticos no sentido das prioridades e consensos relativos às características alocativas de tais recursos. Recuando até aos períodos de vivência prévios à Revolução Agrícola, os valores de redistribuição eram consideravelmente sustentáveis e adequados, no tempo e espaço, aos recursos existentes na natureza e na forma como os próprios seres humanos devolviam os excedentes produzidos, garantindo um ciclo que não se caracterizava por sobre-exploração, de uma forma coletiva, nem desproporcional distribuição, de uma forma individual[5]. A ascensão dos princípios económicos enquanto centrais na organização e composição social surge nos momentos evolutivos em que o ser humano começa a produzir mais do que necessita, relativamente às características de cada período geracional, diga-se, para o que são os padrões de vida considerados normais.

Assim, pensando na Revolução Agrícola como a ascensão de um método de produção concentrado na padronização e racionalização e, posteriormente, na Revolução Industrial, como a expansão exponencial desses mesmos recursos excedentes, os seres humanos, também, compreenderam que haveria uma necessidade que poderia ser moldada cognitivamente no sentido da perceção da aquisição de um conjunto de bens e serviços que, em última instância, trariam benefícios em termos de bem-estar individual e social. Estes fenómenos não podem ser separados do que foi a Revolução Francesa no século XVIII e dos grandes pensadores e impulsionadores e respetivas correntes filosóficas que daí nasceram, procurando criar um quadro referencial, no qual as populações se deveriam enquadrar em termos da alocação, distribuição e utilizações dos recursos disponíveis, com a composição de organizações sociais que seguiriam modelos baseados em sociedades capitalistas (a tal «mão invisível», de Adam Smith) ou de compreensões materialistas (como descritos nos modelos dialéticos por Karl Marx, influenciados por Hegel), passando pelos métodos cartesianos aplicados em diversas áreas da sociedade[55]. No entanto, apesar destes pensamentos filosóficos terem tecido epistemologicamente os fundamentos práticos sociais que se mantêm até aos dias de hoje, algumas questões ontológicas permanecem, sobretudo, na fundamentação da necessidade de recursos escassos e, em consequência, na que parece quase irrefutável e únicas organizações sociais propostas por tais pensadores. Como veremos em termos de consequências globais que o formato económico a que tal deu origem, parece ter ficado definido eternamente, sem possibilidade de alteração ou modificação de pensamento subjacente. Quando se reflete e discute neste livro o modelo de governação atualmente em vigor, que procura trazer bem-estar às populações a nível mundial, torna-se central compreender como são distribuídos e se tornam acessíveis os recursos que vão satisfazer as necessidades das pessoas. Não será de descurar, também, como tais necessidades são atualmente moldadas e modificadas, sem paralelo na história do ser humano, nomeadamente por via da Revolução Digital, criando canais de comunicação muito mais diretos e personalizados, com grande impacto em cada indivíduo.

Além do excedente que começou a ser produzido, há outros dois pontos relevantes para as nossas discussões. O primeiro relaciona-se com a organização social subjacente, ou seja, os modelos hierárquicos, sejam estes do tipo capitalista, focado nas mais valias, ou do tipo de propriedade coletiva do capital, pressupõe sempre uma delegação superior da decisão como os recursos coletados são posteriormente redistribuídos. O outro fator, relacionado com o anterior e já previamente destacado, é o valor atribuído à propriedade privada a partir das mais valias coletadas pela força do trabalho, que desde a sua conceptualização e aplicação prática na vida real, tornou-se um dos recursos mais valiosos. A propriedade privada veio quantificar o valor atribuído à força de trabalho e ao papel do consumidor, criando interdependências tanto entre os modelos de organização social, incluindo as soberanias dos Estados (definição que continua por ganhar consenso e extensão de aplicabilidade), como os recursos se tornam disponíveis, para quem ficam acessíveis e com que critérios e bases de consenso são posteriormente distribuídos[5]. Assim, o que se pretende definir como ponto de partida no discurso económico é a forma de vida atual e, naturalmente, os modelos educativos e as respetivas premissas de pensamento que existem em torno das trocas comerciais. Estas podem ser baseadas em moeda corrente, como existia durante a vigência do Império Romano, ou então com base em modelos de trocas materiais, como se observava desde os povos caçadores-coletores e até à atualidade através do eBay, quando se permuta um veículo automóvel por outro, ou uma consola de jogos por um telemóvel, por exemplo. Adicionalmente, além de valor comercial subjacente, poderá, também, ser equacionada a perspetiva das trocas de informação e conhecimento, através do tempo, enquanto recurso, que indivíduos dedicam a atividades associativas, sem qualquer contrapartida remuneratória ou repartição financeira, ou também através dos serviços de consultoria não financiados junto de organizações internacionais ou nacionais, que se pretende, apenas, de base técnica e científica. Ou seja, as políticas que regem os movimentos de recursos influenciarão os mecanismos comerciais que são aplicados de nível coletivo ao individual.

Considerando as evoluções civilizacionais descritas, o mundo atualmente governa-se sobretudo com o foco na economia, em particular, na sua vertente financeira, traduzindo as relações causais de pensamento linear entre o dinheiro que é gasto e o volume de produção atingido, com baixa ou nenhuma consideração por outros valores que possam ser atingidos. A armadilha em que as sociedades hoje se encontram vai muito além da «mão invisível». Dado esta narrativa liberal centrar e diminuir a discussão a uma relação entre o espectro político-económico de esquerda e direita, na forma como a distribuição de recursos financeiros produz mais ou menos bens e serviços e, em última instância, riqueza, e não tanto como todo o modelo em si está construído em cima de uma base epistemológica que preserva o contexto económico global e todos os seus atores governamentais e não governamentais.

Neste sentido, poder-se-ia colocar a questão de quem governa o mundo, tal como Noam Chomsky procurou descrever[6], mas, uma vez mais, caindo na ratoeira de discutir a questão com base no modelo existente e não tanto indo na procura de porque é que o mundo se governa assim. Outro escritor, também, recentemente muito aclamado pela crítica, Yuval Noah Harari, tece nos seus livros, focados na descrição sobre o ser humano, considerações com base na explicação sobre o modelo económico existente, projetando o futuro em diferentes cenários neste contexto, mas sem explorar como e porque é que poderia ou não ser alterado em prol das melhorias do bem-estar da população. Recentemente, tem surgido, igualmente, uma discussão e até uma implementação, em países como a Finlândia e a Nova Zelândia, de modelo de economia de bem-estar que inclui os principais setores sociais governativos numa lógica mais integrada na abordagem a problemas comuns. No entanto, novamente, o ponto de partida é centrado na discussão no modelo económico atual, terminando as suas conclusões com proposta de medição por indicadores de saúde e sociais, sem conceber um formato sobre como os recursos são alocados socialmente e, assim como, os seres humanos utilizam esses mesmos recursos da melhor forma. Esta encruzilhada de reflexões e considerações atuais e futuras continua a partir do mesmo princípio de que os modelos de governação atuais são eternos e irrefutáveis e, apenas, precisamos de remendos para feridas que se vão sucedendo. O problema das feridas é que estas cicatrizam por via de fibrose, ou seja, não recuperam a totalidade do tecido celular saudável e normal com que foram criados, perdendo uma das principais propriedades deste tecido — a elasticidade. Após tantos traumatismos, o que se antevê é um organismo estático, que perde a capacidade de atuação ao meio ambiente. Infelizmente, é isto que transparece nas sociedades atuais, uma vez mais, com maiores consequências para aqueles que já nascem, crescem e trabalham em condições de maiores dificuldades.

Voltando aos governantes atuais do mundo, uma resposta enviesada, implícita e carregada de meandros cinzentos, efetivamente depende da perspetiva em que nos colocamos. Relembrando que as trocas comerciais, independentemente dos bens e serviços comercializados, já se observam praticamente desde que o ser humano existe, é importante considerar outros critérios nesta análise, como sejam os valores envolvidos entre cada transação, assim como a intensidade com que as trocas ocorrem. Em nota adicional aos métodos utilizados nestas análises, que regressaremos mais à frente, a tendência é recorrer a medições destes valores com base em médias sem considerar as distribuições por outros fatores populacionais relevantes, com enormes impactos sociais, quando as análises realizadas acabam por impactar nas políticas definidas[56, 57]. A área coberta pelas trocas comerciais e de outros recursos, como conhecimento, informação e até seres humanos, quando nos referimos às sociedades esclavagistas, há muito que ocupa um espaço global, não sendo um fenómeno apenas observado desde o último século. Talvez o momento em que a ampliação da rede económica se modificou dos níveis locais e regionais para o nível global, terá sido aquando do início do período dos descobrimentos pelos povos europeus, em que criaram linhas de comércio diretas e intercontinentais com consequências positivas e negativas, que observamos nos dias de hoje. No entanto, no momento atual, o contexto económico global é que aumentou a intensidade dessas mesmas trocas, os valores associados e as desigualdades na distribuição pelos vários atores e operadores, incluindo o consumidor final[7]. Sem dúvida que a transição digital veio acelerar os processos de globalização, dando vantagem competitiva e desigual aos fenómenos além-fronteiras dos Estados, com vários exemplos nos últimos anos, em como um pequeno incidente financeiro num local se pode transformar numa crise económica global sem precedentes. Devido a este aumento da intensidade da ligação e conexão além-fronteira, com benefícios bem identificados para a civilização humana, também tem resultado em inúmeras más práticas acumuladas, com tendência para explodir nos piores momentos e demonstrando a incapacidade elástica que existe no mundo atual para aguentar e absorver tais choques.

Adicionalmente, pela incapacidade regulatória num mundo que vive à custa de soberanias, o poder de transparência e responsabilidade recaem na maior parte dos casos sobre aqueles que foram, em primeiro lugar, os principais causadores que conduziram a tais eventos económicos catastróficos para milhares de milhões de pessoas[36]. Esta vulnerabilidade está longe de ser resolvida e cada vez mais está ligada a tantos outros setores da sociedade, aumentando a incapacidade de gerir tais riscos tanto a curto como a médio e longo prazo. O sentido de urgência que aqui é referido é real e poderá ser visto, por exemplo, quando o mundo teve de enfrentar a pandemia da covid-19 e simplesmente não havia capacidade nem de produção, nem de distribuição de bens tão básicos como equipamentos de proteção individual, uma vez que estes estavam concentrados, em cerca de 70%, num único mercado nacional (neste caso a China), que ao tomar as suas decisões soberanas de não partilha, encerrava o mundo ao acesso a tais equipamentos e, assim, à mercê da exposição direta[10, 58]. A culpa é verdadeiramente de todos, não apenas da falta de solidariedade da China, mas também por uma acumulação de políticas, ao longo dos anos, de movimentos e concentração de áreas de produção para mercados mais baratos. O mesmo se aplica à produção e distribuição de vacinas, que ficou concentrada apenas nas indústrias farmacêuticas que patentearam a sua tecnologia e optaram por não a partilhar, enquanto não tinham a capacidade, em tempo útil, de produzir as quantidades necessárias, levando à morte ou à incapacidade de milhões de pessoas, particularmente em contextos de maior privação socioeconómica e países de médio e baixo rendimento. Esta política de não partilha teve por base a proteção da propriedade intelectual, que está na base da inovação farmacêutica para tantos outros e demais medicamentos e produtos de saúde. No entanto, já é amplamente reconhecido que a manutenção de lucros excessivos, nomeadamente em tempos pandémicos, teve um peso na decisão da política de não partilha, não sendo considerados outros valores ou finalidades que não sejam o volume de produção, a competitividade e a eficiência.

São nestes contextos que as sociedades atuais têm de viver e, por vezes, sobreviver para fazer face às adversidades. Veja-se as consequências da inflação provocada pela guerra na Ucrânia no acesso a bens alimentares ou, fruto do valor atribuído à propriedade privada, os custos e esforço necessários em termos de habitação, que deveria ser considerado um direito básico e essencial à prosperidade de qualquer ser humano e para o desenvolvimento social. O que se tem observado em qualquer um destes mercados setoriais é uma crescente centralização, mercantilização e monopólio, que vieram desvirtuar quaisquer benefícios que um sistema económico de mercado poderia trazer, pese embora o sistema permitir adquirir um conjunto de vícios que não são passíveis de ser modificados, nem à escala nem à velocidade com que tais setores definem as políticas comerciais e são passíveis de regulação. Vejamos, em particular, o mercado alimentar desenhado à escala global que permite ao consumidor final adquirir um produto, o que até há bem pouco tempo, ou só o encontrava nas prateleiras do supermercado no período sazonal correspondente à época de cultivo da sua região ou quando viajava para um local onde este estivesse disponível. No entanto, atualmente, em qualquer altura do ano é possível aceder a um conjunto de frutas e legumes que foram plantados, cultivados, tratados, armazenados e distribuídos a partir de qualquer local do mundo, com um intervalo de tempo que apenas corresponde quase às travessias de barco ou avião. Apesar do aparente bem-estar e sentido de satisfação que poderá ser obtido em preparar um molho de guacamole, na Europa, para um jantar entre amigos, o processo para que o abacate estivesse disponível à mesa tornou-se altamente complexo, que do ponto de vista coletivo poderá trazer enormes consequências. Do ponto de vista do produtor, distribuidor e comerciante, o sucesso mantém-se uma vez mais na capacidade de servir o cliente e manter o retorno financeiro, independentemente das consequências ao longo de toda a cadeia alimentar. Além da maior dificuldade na abordagem e identificação de riscos, em termos de doenças veiculadas por água e alimentos, existe uma falta de transparência e, consequentemente, uma dificuldade de prestação de contas que permanece oculta numa cadeia de eventos a nível global, em que diferentes jurisdições e enquadramentos permitem a todos os atores e operadores comerciais navegar de acordo com as suas preferências. Além destes, considerando a disponibilidade de cereais, bebidas gaseificadas, *snacks* e todos os alimentos processados estão, em grande proporção, na mão de cinco empresas globais, que continuam a expandir o seu portfólio além de produtos alimentares[22, 59]. Estes efeitos, já bem descritos na literatura, aumentam o poder negocial, controlo da qualidade e de preços por estes grupos empresariais, condicionando as margens de todos os operadores a jusante e, enfim, com impacto no consumidor final. O mesmo se aplica às empresas petrolíferas, como já discutido anteriormente.

Mas então, como a governação e o panorama macroeconómico permitem e continuam a dar espaço, quase total, a estes mecanismos empresariais e corporativos, sem quaisquer repercussões em termos do impacto para as populações?

Deveriam os preços e políticas comerciais serem ajustados de acordo com os resultados de saúde, bem-estar social e impacto climático que os produtos causam?

Será mesmo considerado uma utopia irreversível, tendo o ser humano apenas sujeitado a tais condições em que, no final, cabe a cada indivíduo ajustar-se? Este ponto leva-nos à base da economia mundial e às políticas financeiras e bancárias que regulam os mercados livres a nível global e todos os demais paraísos fiscais existentes.

Em 2015, é lançado um filme americano chamado *The Big Short,* em que o ator Christian Bale atua como uma personagem com capacidades intelectuais acima da média, com fortes conhecimentos do sistema bancário, pese embora com uma personalidade desviante, levando os acionistas da empresa à loucura após hipotecar todos os seus ativos no sentido contrário do funcionamento do sistema de investimento considerado normal. Ou seja, apostou que o mercado falharia totalmente, gerando dividendos multimilionários, embora à custa dos milhares de milhões de pessoas que em todo o mundo ficariam em condições de vida precárias não só a curto, mas a médio e longo prazo também. O contexto do filme refere-se à crise económica que teve início em 2008, com impactos globais sem precedentes. Apesar de outras crises económicas já terem ocorrido no passado, esta tornou-se efetivamente a mais relevante em termos geográficos, mais uma vez, associada à dimensão da interligação dos mercados mundiais e à acumulação de más práticas ao longo dos anos. Onde se pretende chegar é que o desenho dos mercados atuais e a sua interligação com os sistemas bancários criaram condições favoráveis a um pequeno conjunto de pessoas, que são os mesmos que os gerem e governam, que se alinearam completamente dos interesses e foco das pessoas no seu todo[22]. O facto de as pessoas terem entregue a decisão da governação das políticas financeiras e bancárias aos governantes, e estes falharam em corresponder às expectativas existentes, mesmo após os impactos absolutamente destrutivos para a maior parte das pessoas, não conseguiram providenciar as respostas às suas necessidades, ainda maiores numa fase posterior à ocorrência da crise. Pelo contrário, foi observado um aumento ainda maior das desigualdades económicas à escala global, uma maior concentração de capital e de poder entre as maiores empresas e sistemas bancários mais condensados. Apesar dos impactos e lições retiradas dos choques económicos que os modelos macroeconómicos atuais podem produzir, poucas foram as alterações introduzidas, mantendo-se uma incapacidade regulatória muito grande e com a introdução de novos atores económicos, por via da Era Digital e da disponibilidade de uma dimensão de dados nunca antes atingida, mantém-se bem viva a Caixa de Pandora sob a qual assenta toda a subsistência global.

Retornando aos modelos de mercado, observa-se que o valor da especulação é o princípio central sobre quais regras do jogo são definidas, sendo desproporcionalmente a favor dos jogadores da casa. Todos os restantes, a grande maioria da população, limita-se a seguir estas regras, dado não ter alternativa e, caso algo corra mal, acabam por sair também prejudicados. O jogo encontra-se, assim, duplamente viciado, sendo depois os efeitos sentidos em toda a linha do ciclo de vida, com consequências no bem-estar das populações não só atuais, mas futuras, comprometendo diretamente os valores da sustentabilidade. A translação das regras do jogo para o quotidiano dos cidadãos globais traduz-se numa crescente incapacidade de satisfazer as suas necessidades, estando mesmo as básicas muitas vezes ameaçadas. Por exemplo, a incerteza e paralisação da economia fruto da pandemia da covid-19 levou muitos governos a terem de injetar capitais públicos em diversas empresas privadas para garantir a sua sobrevivência, sendo que estes fenómenos de avultados recursos financeiros alocados e desviados de outros setores governativos e envolvendo erários públicos, irão ser sentidos em termos dos bens e serviços disponíveis para os cidadãos. Associado a tais fatores, além das políticas de definição de taxas de juro e de modelação da inflação, acabam por impactar nos preços finais destinados aos consumidores. Tais fatores condicionam uma ferramenta essencial para os economistas em todo o mundo, que é a capacidade de projeção e os parâmetros que são definidos para modelar a incerteza futura, mas sempre mantendo como resultado, apenas, os retornos financeiros de investimento e não quaisquer outros indicadores sociais e de bem-estar das populações. Se pensarmos nas taxas de juro que são pagas em termos de prestação de habitação ou dos serviços que são cobertos e os copagamentos que têm de ser feitos aquando da aquisição de um seguro do carro ou de saúde, todos estes tendem a ser cada vez mais flutuantes, com os cidadãos a terem de suportar do seu próprio bolso quaisquer custos adicionais porque tais modelos projetam em termos de aumento.

Neste contexto de construção da organização social, em torno de valores restritos da economia global, criou um paradigma complexo em todos os níveis de decisão e participação que alimenta o pensamento linear, de relação causal direta e rápida, em que determinado recurso financeiro, agora, é sempre melhor que o dobro do mesmo volume daqui a um ano[60]. A necessidade da satisfação imediata dos valores financeiros é das maiores armadilhas criadas, que permite que os sistemas de mercados e os seus autorreguladores perpetuem especulações de custos e preços, com base, apenas, nos interesses dos acionistas, independentemente das áreas de comercialização e dos impactos sociais que possam ter. Os valores da emoção e da razão foram totalmente arrestados das equações económicas, em que mesmo inovações em termos de economias circulares e do bem-estar, que têm positivamente tentado fazer o seu caminho em termos de um desenvolvimento sustentável, mantêm-se sediadas na mesma lógica de pensamento, logo com probabilidades de sucesso muito baixas e, muito menos, numa escala global[15].

De uma perspetiva de desigualdade económica mundial, apesar de já termos referido brevemente no primeiro capítulo, os modelos atuais de filantropias e retóricas de responsabilidade corporativa social têm sido levianamente abordados, sobretudo por serem poderosas máquinas financeiras mundiais. Em termos de regulação e apoio externo dos países de médio e baixo rendimento, o Banco Mundial é uma instituição central na definição de critérios económico-financeiros que permite classificar, apenas, com base em indicadores de medidas médias (uma vez mais, sem captar as diferenças populacionais essenciais à compreensão do risco, como discutido anteriormente), como o produto interno bruto *per capita*, por exemplo, os países com maiores carências e que devem ser priorizados em termos de ajuda externa. Apesar de um tema amplamente discutido, os efeitos muitas vezes contrários ao esperado, criaram vícios na forma como essas ajudas externas são realizadas e como são priorizadas a alocação dos recursos necessários. Em particular, as ajudas externas por via de países e de entidades não governamentais de ação global, são dirigidas verticalmente a um problema em concreto, sendo que a partir do momento em que essa ajuda deixa de existir, a probabilidade do problema retornar é elevada, sem se ter conseguido alterar as condições de base que levam ao surgimento recorrente desse mesmo problema. Embora a resposta às necessidades agudas devem ser satisfeitas, respeitando os Direitos Humanos, mantém-se a retórica no valor maior atribuído à economia de hoje do que de amanhã, mesmo que o potencial impacto seja consideravelmente melhor[30, 61]. Um exemplo concreto é o acesso à água potável, um problema de engenharia há muito resolvido, e cuja maior parte dos países de alto rendimento deixaram de ter a partir do momento em que foram capazes de construir as suas infraestruturas em torno de sistemas de abastecimento de água da rede pública e sistemas de saneamento, e respetivas estações de tratamento das águas residuais. No entanto, cerca de um terço da população mundial continua sem acesso a quaisquer destes sistemas, sendo também esta população que cumulativamente se encontra exposta a um conjunto de riscos que impede o desenvolvimento sustentável das suas sociedades e, consequentemente, dos países em que vivem[4]. Uma das medidas que se conseguiu criar para mitigar, ou melhor dizendo, remediar o problema, sem na realidade modificar a base do mesmo, foi a ampla distribuição de água engarrafada que tem custos a montante e a jusante elevadíssimos, não só para as populações sem acesso a água potável, como também para toda a população mundial, se for considerado, por exemplo, o custo climático na utilização de todo o plástico e o seu descarte em locais onde não há quaisquer sistemas de recolha e reciclagem de lixo.

Assim, o que se pretende evidenciar é a maior facilidade em tecer contratos milionários para resolver problemas pontuais, observando-se, posteriormente, uma enorme negligência na sustentação das medidas, sendo também, muitas vezes, estas decididas por vias de satisfação de outros interesses políticos e comercias que transcendem quaisquer ajudas humanitárias que se pretende estabelecer. Criou-se, assim, a partir do final dos anos 90, um novo conceito de operacionalização filantrópica global, que começou a definir as prioridades de política externa dos diversos países em que atuam, em particular nos continentes africano e asiático[3]. Também aqui, o facto da sua atuação ser supranacional, a soberania dos países viu o seu campo de ação diminuído, excetuando talvez os países onde se encontram tais fundações filantrópicas. Com isto, não se pretende diabolizar os contributos para o desenvolvimento social, económico e de saúde que estas organizações alcançaram, no entanto deve-se questionar se não nos encontramos atualmente a necessitar de um processo de definição de prioridades e de alinhamento, em termos de rentabilidade dos recursos alocados, que vá muito mais longe e tenha tantos países como organizações internacionais mais capacitadas. Neste caso, veja-se o exemplo das relações, muitas vezes criando situações de dependência pouco favoráveis, que as fundações filantrópicas criaram nas várias organizações das Nações Unidas, em particular, naquelas com ação no terreno, como a OMS ou a UNICEF. O facto de os Estados-membros terem, ao longo do anos, diminuído o financiamento ou não o fazendo corresponder às necessidades das organizações, criou um espaço de necessidade de recursos que tem sido preenchido por outras organizações e investidores privados, as quais acabam por recorrer à operacionalização destas para alocar os recursos onde pretendem, não deixando espaço de independência para que a OMS ou a UNICEF definam o seu programa de ação, de acordo com as prioridades elencadas pelos Estados-membros. Observa-se, assim, uma subversão entre as prioridades e a alocação de recursos ao mais alto nível, mantendo-se um *statu quo* difícil de alterar, com impactos negativos para as populações que se encontram em maior necessidade. Desta feita, o modelo económico global, também no campo das doações e alocações filantrópicas sofre de inúmeros vícios negativos, que limita a capacidade do valor técnico ter espaço para exercer a sua força em comparação com o político, principalmente, na componente de redistribuição[22].

Por outro lado, falando em particular do tecido empresarial com fins lucrativos, estamos, ainda, a observar uma evolução um tanto confusa, impedindo a capacidade de separar o joio do trigo. Atualmente, os modelos empresariais que existem são divididos essencialmente com base no seu volume de produção e, consequentemente, com os dividendos retirados, sendo, como já referido, cada vez maior o número de fusões em qualquer setor corporativo. A diminuição da capacidade de inovação, de menor disponibilidade de espaço de mercado para o empreendedorismo individual e coletivo e, por via do monopólio, a incapacidade de negociação igualitária de preços e custos justos, o tabuleiro de xadrez encontra-se muito viciado. No entanto, no meio desta descrição um tanto negativa, têm surgido iniciativas que procuram ter uma visão diferente, tentando contrariar o lucro desenfreado numa lógica de balanço entre as necessidades de retorno financeiro e a garantia de um futuro sustentável, nomeadamente na área ambiental. Tal acontece pelo surgimento de maiores pressões sociais e preocupação com os bens e materiais adquiridos que respeitam os padrões éticos, em termos de pegada ecológica e, também, em termos de valores de exploração de trabalho infantil, embora apenas com grandes impactos pontuais. Contudo, quaisquer empresas com fins lucrativos, procurarão sempre maximizar esses mesmos lucros, dado depender destes e da sua distribuição entre os seus acionistas para garantir a continuidade «saudável» do negócio em que trabalha. Com isto, o modelo atualmente existente reside num conceito de faturação máxima, apenas focado em retornos financeiros, não sendo alvo de qualquer outra métrica de quantificação do ponto de vista social, com disrupções consideráveis nos modelos de organização social, nos poderes redistributivos dos lucros obtidos e nas consequências de bem-estar e ambientais, não só para as próprias forças de trabalho, como também para todos os que são afetados indiretamente por esta exploração.

Além disso, o modelo encontra-se de tal maneira emaranhado na sociedade atual, que os modelos de ensino e formação específica em áreas empresariais foca-se sobretudo nos instrumentos e mecanismos que devem ser aplicados para manter este mesmo modelo. Está, assim, criado um círculo vicioso em que o mercado de trabalho se autoalimenta com uma procura contínua de lucros numa lógica de eficiência, em prol da criação de necessidades para uma oferta efetiva. Se, por um lado, o valor da competitividade e funcionamento do mercado em pleno, criando melhorias dos produtos e serviços a serem fornecidos e prestados, idealmente de acordo com a preferência do consumidor, por outro, em áreas que envolvem necessidades básicas, como a saúde, os produtos alimentares e a habitação, as consequências que se está a observar são catastróficas para a maior parte das pessoas. A par da enorme concentração de recursos e, entre as ínfimas oportunidades de evolução de carreira profissional, concentradas nos grandes centros urbanos, o êxodo rural está a atingir níveis elevadíssimos, em que atualmente cerca de 56% da população mundial (4,4 mil milhões de pessoas) vive em grandes e megas cidades, sendo estimado que atingirá 68% da população em contexto urbano em 2050[62]. Além das condições de sobrelotação e impactos negativos que advêm de enormes densidades populacionais, que discutiremos mais à frente, também o acesso à habitação a preços dignos tornou-se um tema central quase em qualquer parte do mundo. Em consequência, o crescimento exponencial dos preços praticados, as regras de acesso a créditos de habitação e as taxas de esforço que as pessoas têm de enfrentar, levam a dois cenários: ou acabam por suportar tais esforços financeiros, limitando muito a liberdade individual na restante capacidade de satisfazer os demais níveis de necessidades, ou então são obrigados a abdicar da possibilidade de conseguirem aceder a maiores probabilidades no mercado de trabalho, ficando, ainda, mais para trás. Este fenómeno é uma fonte estrutural e oculta de enorme desigualdade, que vem criando limitações nas prosperidades das sociedades e, paradoxalmente, aumenta o círculo vicioso em manter apenas aqueles que já têm de base maior possibilidade de conseguir progredir profissionalmente e socialmente.

Acrescenta-se que, entre os movimentos migratórios que atualmente se observam, com inúmeras pessoas de países de baixo e médio rendimentos a procurarem melhores condições financeiras nos países de alto rendimento e ao verem-se confrontadas com as barreiras financeiras no acesso a habitação digna, submetem-se às condições de sobrelotação com enormes riscos para a sua vida individual e a dos que os rodeiam. Durante a pandemia da covid-19, este fenómeno ficou bem marcado em quase todo o mundo, estando as populações migrantes a viver em condições precárias em muito maior risco de infeção por SARS-CoV-2, em comparação com a população em geral[42, 45, 63]. Torna-se percetível como as políticas e mercado económico, através da habitação enquanto bem essencial, está a impactar o bem-estar das sociedades e como o modelo de governação em vigor se tornou muito inflexível em permitir maiores oportunidades e acessos às condições mais básicas. Além da habitação, também o acesso aos bens alimentares tem sido uma matéria amplamente discutida, enquanto, como já discutido, os preços dos cabazes normais são definidos e que capacidade têm os distribuidores e, enfim, os governos para conseguir efetivamente regular este mercado cada vez mais global e concentrado. Pensando na União Europeia, como uma organização avançada em termos de competências soberanas partilhadas pelos seus signatários, tenta contrariar e dar uma maior capacidade negocial e de definição não só de custos, mas, também, de padrões de segurança. No entanto, e pensando nos princípios da génese da União Europeia, com base num mercado único em que seria preservado a livre circulação de pessoas, bens e serviços, ou seja, com objetivos puramente económicos e sem quaisquer valores sociais ou ambientais, o que felizmente atualmente já se denota uma evolução considerável no propósito e compreensão do caminho que deve ser feito para garantir um futuro sustentável dentro do bloco e como exemplo global.

A partir daqui, começamos a entrar naquilo que é atualmente conhecido como determinantes comerciais do bem-estar, caracterizado por fatores de política macroeconómica que vão influenciar as políticas microeconómicas e, em última instância, as escolhas que as pessoas fazem no seu dia a dia. Começamos por tentar captar esta abrangência conceptual, para desconstruir e compreender como o consumidor final faz estas escolhas sem colocar sobre o próprio a total responsabilidade[23]. Este é um dos pontos fulcrais deste livro, que carece ainda de enorme exploração e compreensão e que mantém uma discussão epistemológica e filosófica, sobre a atribuição de causas aos efeitos e na evolução dos modelos mentais do pensamento linear para o pensamento complexo, fortalecendo, em última instância, o pensamento crítico. É também por esta via que assenta as discussões político-partidárias em todo o mundo, em particular nos regimes democráticos, uma vez que os regimes autocráticos têm quase todo o espaço governativo para moldar os métodos de pensamento no sentido da relação linear entre causa e efeito, levando a que os pontos de partida de discussões a que assistimos diariamente na televisão ou lemos nos jornais tenham, praticamente todos, um potencial enviesamento em termos de compreensão dos fenómenos comerciais, efeitos de mercados e políticas económicas.

Quando pretendemos contrair um crédito para comprar um veículo, escolher um brinquedo para oferecer no Natal, trocar o *smartphone* ou um sofá para substituir o antigo na sala de jantar, habitualmente, iniciamos o processo por adquirir informação sobre diferenças de custo, qualidade, risco a curto e médio prazo, e demais critérios de satisfação individual, como seja a cor, peso, tamanho, entre outros. Durante esta aquisição de conhecimento, recorremos a um conjunto de plataformas físicas e virtuais, expondo-nos voluntariamente aos efeitos de marketing social que irão, ao mesmo tempo, tornar uma escolha mais consciente e influenciar-nos por um determinado produto ou serviço que, de forma relativa, parece ter vantagem sobre outros. Quando, finalmente, é selecionado o banco em que o crédito será realizado, ou a loja e mesmo a marca e tipo de brinquedo, o *smartphone* que melhor se adequa às necessidades e o sofá que será mais confortável e com melhor enquadramento estético, houve todo um conjunto de mecanismos intrínsecos e extrínsecos que foram ativados e inibidos para, enquanto consumidor, considerar a melhor opção. Por detrás de todo o processo, as empresas, a quem foram adquiridos os produtos e serviços, elaboraram e implementaram um conjunto de medidas que, mesmo inconscientemente, influenciaram a escolha final. Algumas destas medidas já viriam a fazer o seu efeito muito antes do momento em que ocorreu a decisão inicial de comprar algo, fazendo com que as nossas opções até se parecessem mais simples ou adequadas nesse momento de consumo. Neste caso, observa-se um efeito de mercado importante que é a competição entre diversos atores, que numa relação preço e qualidade, procuram influenciar o consumidor na sua decisão final, ou seja, escolhendo um determinado produto ou serviço em detrimento de outro. Quando se fala de um brinquedo, um *smartphone*, um sofá, os efeitos da competitividade até podem ser saudáveis, uma vez que partilha a responsabilidade do fornecedor em fazer melhor, de forma a cativar o seu consumidor. No entanto, e tal como discutido anteriormente, o que se tem vindo a observar é que os efeitos de monopólio, a exploração dos trabalhadores, a mobilização e concentração da produção global em locais cujo custo associado é muito inferior, à custa da manutenção de baixas redistribuições e sem vantagens locais de desenvolvimento sustentável, vindo, mesmo nestes casos, a desvirtuar um conjunto de princípios para os quais os efeitos de mercado e as respetivas políticas macroeconómicas e microeconómicas foram definidas[55].

Além disso, o investimento que tem sido realizado em termos de marketing social e os métodos utilizados, além de discutível do ponto de vista dos padrões éticos, produz um efeito nefasto em termos de consumo desenfreado, para o qual as necessidades do ser humano não são realmente relevantes. Os eventos comerciais anuais, como o Natal, o dia dos namorados, a Páscoa, do ponto de vista das populações religiosas, assim como os eventos associados ao Judaísmo, Budismo e outras celebrações de natureza religiosa, podem, também, ser considerados exemplos do poder transformativo do marketing em influenciar o consumo excessivo de produtos, numa lógica de inconsciência coletiva já totalmente vulnerável a estes métodos[36]. Transpondo agora para o primeiro nível de necessidades, ou seja, as de saúde, alimentares, educativas e sociais, os efeitos de mercado tendem a ser consideravelmente deletérios, sobretudo para o desenvolvimento equitativo das sociedades. Considerando a lógica de um mundo que se move, além da capacidade militar, com base no capital financeiro, quando o consumidor se vê confrontado com dificuldades financeiras, irá sempre preterir a qualidade em virtude do menor preço. Essa tendência desigual na balança é uma das principais fontes do descontentamento social vivido com o modelo de governação atual e, também, está intrinsecamente conectado com a satisfação das necessidades mais básicas.

Como exemplo, veja-se uma família cujo rendimento médio é inferior à média nacional e sempre que se dirige a um supermercado, ao fazer as suas escolhas, irá optar pelos produtos geralmente mais baratos. Ao mesmo tempo, estes produtos já tinham sido publicitados através dos meios de comunicação habituais como artigos em promoção em determinado período e, portanto, o consumidor já vai influenciado para a sua aquisição. O problema que aqui se coloca é que, em muitos casos, estes produtos não correspondem necessariamente à melhor qualidade nutricional, além de eliminar, à partida, produtos que, entre a roda alimentar, deveriam estar a ser consumidos numa base diária, como sendo as leguminosas e as frutas, porque o custo associado não pode ser suportado. O que se observa é que, perante as dificuldades financeiras, as escolhas das famílias ficam altamente condicionadas àquilo que são os produtos escolhidos e selecionados pelos supermercados. Por outro lado, a privação económica está, muitas vezes, associada a uma menor literacia social, por via do nível de escolaridade por exemplo, o que torna estes grupos populacionais sinergicamente vulneráveis aos efeitos do marketing comercial, não reconhecendo o valor negativo das escolhas que têm de fazer. Trata-se, assim, de um círculo vicioso difícil de modificar por não estarem reunidas as condições básicas para uma vida digna. Neste ponto, questiona-se como deverá ser realizada a partilha da responsabilidade?

Como deverá ser compensado pelo facto de estes grupos populacionais encontrarem-se, por um conjunto de riscos acumulados ao longo de décadas, em maior probabilidade de desenvolver doenças crónicas, como seja a hipertensão arterial fruto do elevado teor de sal dos produtos a que conseguem ter acesso, diabetes *mellitus* pelo elevado teor de açúcar dos produtos de menor custo em comparação com os produtos de maior qualidade nutricional?

Ou, ainda, doenças relacionadas com o consumo prolongado e/ou abusivo de álcool, a vários níveis sistémicos do organismo, pela facilidade de acesso a este produto tanto pelos custos como pela disponibilidade física, também, muitas vezes, enquanto compensação por défices de saúde mental, criando círculos viciosos difíceis de quebrar?[64, 65]

Com estes exemplos, pretende-se, de uma perspetiva das pessoas, compreender alguns fenómenos que ocorrem diariamente e que estão subjacentes a um conjunto de práticas que requerem urgente modificação e regulação, sob pena do contínuo aumento das desigualdades sociais em saúde e comprometendo o futuro sustentável global. Partindo desta relação cientificamente estudada entre a privação socioeconómica e o grau de literacia, os grupos populacionais dos países de baixo e médio rendimentos estão, ainda, numa condição de maior vulnerabilidade. Dado as suas possibilidades de escolha, ou seja, o ambiente de disponibilidade de acesso está condicionado e muito sujeito ao efeito das grandes corporações globais que, cada vez mais, fazem o seu caminho nestes mercados, nem que individualmente o retorno seja baixo, torna-se enorme quando considerado o número de habitantes total nos países considerados. Trata-se efetivamente de uma situação catastrófica, que é desde já visível em termos epidemiológicos, no estado de saúde destas populações e na falta de acesso a serviços essenciais que necessitariam.

A emergência do conceito de determinantes comerciais é relativamente recente e está, naturalmente e intimamente, ligado com os fatores políticos, uma vez que a decisão e capacidade de regulação dos mercados encontra-se centrado no enquadramento legislativo de cada país, que é soberano. Além destes, as regras comerciais globais, discutidas, sobretudo, no fórum multilateral da Organização Mundial do Comércio, estão sujeitas a uma pressão enorme dos grandes operadores empresariais que influenciam as políticas internacionais, assim como no âmbito dos sistemas bancários, a nível do Banco Central Europeu, da Reserva

Federal Norte Americana, do Banco Mundial e dos Bancos centrais asiáticos. O contexto global económico que determina as políticas nacionais e, em última instância, a liberdade de escolha do consumidor encontra-se sujeito a um conjunto de práticas pouco transparentes e com um pendor mais a favor da manutenção dos retornos financeiros, do que dos efeitos negativos na saúde e bem-estar das populações. Assim, os determinantes comerciais são atualmente compreendidos como as estratégias e abordagens usadas pelo setor privado e corporativo, para promover produtos e escolhas que são decrementais para o bem-estar das pessoas, recorrendo essencialmente a quatro eixos de ação, o lóbi, o marketing, as estratégias de responsabilidade corporativa social e a extensão das cadeias de abastecimento[23, 66]. Através destes métodos que passaremos a descrever, a indústria utiliza um conjunto de ferramentas legais, de pressão e de comunicação pública que, como referido, irão influenciar as escolhas das pessoas. Estes processos são particularmente graves quando estão em causa bens essenciais ou com potencial de causar dano à saúde, sendo, por isso, uma das principais causas da evolução negativa dos níveis de saúde da população, pese embora sejam de imensa dificuldade de estabelecer nexos causais que, do ponto de vista epidemiológico e jurídico, permitam construir um conjunto de fundamentos e argumentos em prol da mudança deste *statu quo*. Além disso, os poderes supranacionais de grande parte destes setores corporativos blindam qualquer tentativa de alteração e muito mais se se tratar dos efeitos coletivos e populacionais, como aqueles que estão a provocar as alterações climáticas.

Quando discutimos anteriormente, áreas em que o mercado poderia funcionar em termos de influenciar a escolha do consumidor, a utilização de práticas que são decrementais têm uma dimensão ética, do ponto de vista epistemológico e até ontológico, que devem conduzir a reflexões, enquanto sociedade, se devemos compactuar com tais práticas e permitir um desenvolvimento desigual e coletivamente fraturado, com impacto na realidade em todos os estratos sociais e económicos. O lóbi tem sido uma discussão política importante, em termos de tornar a sua prática o mais transparente possível, mas não o será possível, uma vez que qualquer decisor político, do ponto de vista individual, tem liberdade para se relacionar e auscultar quem deseja, como princípio básico do ser humano. A diferença encontra-se na aceitabilidade e desejo de consentir práticas nefastas para o bem-estar das populações, procurando beneficiar de uma possível vantagem pessoal, em termos de carreira profissional futura, ou mesmo na perspetiva política, em assegurar, financeiramente, campanhas eleitorais e o modo como a opinião pública pode ser moldada por essa via. Por exemplo, quando se discute a possibilidade de regular, por vários métodos, o acesso ao álcool, vários setores sociais e partidos políticos tendem a manifestar, publicamente, a sua opinião contra aqueles que pretendem implementar tais medidas restritivas. O mesmo foi e, ainda, é, mas com menor intensidade, observado em termos da indústria tabaqueira que, atualmente, encontra vias e caminhos ocultos do ponto de vista público de chegar ao poder político e influenciar as políticas restritivas que se tentam implementar e, apesar da Convenção-Quadro, o único instrumento com vínculo legal que existe ao nível da Organização Mundial de Saúde, consegue com sucesso relativo impedir a implementação total destas restrições na maior parte dos países[22, 67]. Na realidade, só nas áreas de marketing foi possível introduzir restrições praticamente totais, após quase 50 anos de evolução, produção e incorporação do conhecimento científico das relações causais entre o consumo de tabaco e a probabilidade de provocar um conjunto de doenças, mas por via de quase uma relação exclusiva e direta entre estes. O caso da indústria tabaqueira é um ótimo exemplo de como as forças económicas conseguem contrariar e influenciar, durante tanto tempo, a capacidade de alterar o *statu quo* com consequências tão positivas para o estado de saúde das populações.

Na vertente do marketing, o dicionário da língua portuguesa define esta prática como o estudo das atividades comerciais que, a partir do conhecimento das necessidades e da psicologia do consumidor, tende a dirigir os produtos, adaptando-os, para o seu melhor mercado. Esta versão do conceito de marketing permite identificar os pontos chave da sua operacionalização, através da criação de conhecimento por via da recolha e análise de dados dos consumidores. O estudo das componentes psicológicas e padrões de consumo, em última instância, podem permitir a influência e modificação destes padrões, de forma a conseguir um retorno em volta do consumo dos bens e serviços no mercado mais adequado à organização corporativa que está a implementar as suas ações de marketing. Considerando a realidade atual, todas as empresas, formal ou informalmente, procuram ter uma componente de marketing na sua prática, o que resulta nos inúmeros ciclos de estudos que preparam vários profissionais para o mercado de trabalho nesta área, de acordo com as diferentes áreas de especialização. Assim, tem-se em conta que a finalidade do marketing é precisamente criar necessidades nos consumidores, moldando as suas intenções para os interesses das organizações, sendo claro que há uma componente forte de tentativa de modificação psicológica, a nível individual, cujo sucesso é definidor para a sobrevivência e para os retornos financeiros das diferentes empresas e seus grupos de acionistas[13].

Um dos métodos mais utilizados pelo marketing é a publicidade, em que o mundo ocidental, em particular as ondas norte-americanas, são parte importante desta evolução enquanto padrão de influência dessas necessidades e em formatos que também refletem a própria evolução tecnológica das sociedades. Como exemplo, observe-se a evolução de diferentes formatos de comunicação, desde os telefones fixos, às televisões, passando pelos *outdoors*, publicidade fixa em estações de transportes públicos e a era da Internet, por via digital. A publicidade reflete particularmente bem como a evolução tecnológica pode, negativamente, ter influência na qualidade de vida e bem-estar das pessoas. Se, numa fase inicial de crescimento destes métodos, o conhecimento gerado, apenas, permitia recorrer a métodos populacionais de publicidade, sobretudo em espaços públicos, a rápida dispersão de televisões em cada casa, começou, ainda que num formato populacional, a dirigir as publicidades a grupos-alvo consoante os grupos etários, tipos de programa e características esperadas dos espetadores, personalizando o tipo de publicidade que é transmitida em cada momento. Como a maior parte dos serviços audiovisuais é de utilização tendencialmente gratuita ou sujeito a um copagamento pelo consumidor que representa uma pequena proporção da despesa, os serviços que estão a ser prestados além da publicidade necessitam de fontes de financiamento adicionais para serem produzidos. Embora o Estado, a partir dos impostos que são coletados, pudesse atuar como a fonte de financiamento auxiliar, existem limitações, por exemplo, no caso de regimes autocráticos que tendem a assumir o poder do controlo de informação que é divulgada, através de um fenómeno conhecido como propaganda. Assim, de forma a garantir a independência editorial aos órgãos de comunicação social, a utilização de contratos de publicidade tornou-se uma fonte essencial de receita. Este facto, em muitos casos erroneamente interpretado, tem também um risco elevado de alimentar o poder concedido ao setor comercial e privado, responsáveis pela celebração de contratos financeiros de publicidades com os vários órgãos de comunicação social, desequilibrando a balança negocial entre padrões éticos e as necessidades de receitas para sobrevivência dos próprios órgãos de comunicação social.

Por outro lado, a digitalização das sociedades está a abrir uma Caixa de Pandora com influências a um nível muito mais avançado e profundo, pois está a permitir uma personalização total do tipo de publicidade, quase como a Torre de Babel para qualquer empresa[36, 65]. Estamos perante um potencial muito desafiante de ser contrariado e com enormes potenciais de um impacto muito negativo na saúde e bem-estar das populações, devido à dificuldade que existe de regulação de um espaço virtual. Anteriormente discutimos, brevemente, um exemplo do alcance que tais medidas podem ter, perante suspeitas de influência nos resultados eleitorais das eleições presidenciais dos Estados Unidos da América em 2017, quando um enorme grupo social desse país pode ter sido alvo de uma influência de voto a uma escala e nível nunca antes visto, por via de uma empresa internacional de análise de dados que comercializou essa informação com empresas terceiras, que tinha objetivos obscuros e contrários ao esperado no âmbito de um regime democrático. De qualquer forma, além do poder eleitoral, o poder que pode exercer nas escolhas do quotidiano dos cidadãos em qualquer parte do mundo continuará a condicionar a vida, sobretudo daqueles com menores graus de literacia, dado já se encontrarem num estado de fragilidade psicológica maior, sendo, também, uma das razões pela qual as populações dos países de baixo e médio rendimentos estejam particularmente em risco, aumentando o círculo vicioso em que já se encontram e, assim, contribuindo para o aumento das desigualdades a nível global[14, 68].

Retornando ao marketing personalizado, o que estamos a assistir neste momento é uma capacidade revolucionária de, a partir dos dados recolhidos a nível de cada usuário de redes sociais e das pesquisas efetuadas através dos motores de busca na Internet, a capacidade das entidades analíticas terem acesso às preferências de cada um, motivações, interesses e expectativas, providenciando uma capacidade de estudo dos padrões de consumo e, a partir daí, «dirigir os produtos» que pretendem para o seu próprio mercado. Além disto, como refletido em termos de fortes concentrações de mercado, também observadas ao nível digital, como por exemplo ao nível das redes sociais, em que apenas três empresas detêm mais de 90% dos usuários nestas redes digitais, em que os motores de busca dominados pela Google concentram a maior parte da informação pesquisada, dá implicitamente uma informação quase única, em formato de monopólio indireto, que qualquer consumidor individualmente não consegue sequer controlar. Este é, também, um bom exemplo em como aparentes aplicações digitais gratuitas no ponto de consumo, expandem a sua utilização a todos os níveis (e a todo o momento), enquanto as suas fontes de financiamento estão a ser garantidas por uma liquidez proveniente das várias entidades comerciais e corporativas por via de publicidade.

Em suma, a partir dos dados e informação recolhidos e, posteriormente, comercializados, os cidadãos são alvos de publicidade personalizada para os serviços e produtos que foram trabalhados de acordo com os perfis psicológicos de cada um, por um lado, e pelas entidades que têm maior capacidade financeira, por outro, levando a um efeito de concentração de mercado sem igual. A par do crescimento do mercado digital, em termos de comércio, observa-se a uma enorme dificuldade das pequenas e médias empresas conseguirem assegurar a sua viabilidade. Ainda não entramos nos efeitos nefastos em termos de saúde e bem-estar que, a um nível muito mais avançado, o marketing personalizado consegue ter, como na influência da aquisição de produtos que são nocivos à saúde das pessoas, por exemplo, ou, pelo menos, não têm nenhum efeito, sendo apenas uma fonte individual de perda de rendimentos. Se falarmos da explosão dos jogos online, trata-se de um bom exemplo de como um sistema financeiro fechado às apostas realizadas legal e ilegalmente em determinados recintos desportivos tornou-se universal ao envolver grandes desportos praticados mundialmente, como sendo o futebol. Ou, então, até tendo por base algo simples como a criação da sensação de poder ganhar uma lotaria e que tem sido alvo de inúmeras pesquisas científicas quanto aos danos psicológicos e o vício que está a provocar, novamente, nas populações em maior privação socioeconómica e, também, nas populações mais jovens que são, nos dias de hoje, as mais vulneráveis e expostas a quaisquer mercados digitais[22, 69]. Compreende-se, assim, as implicações que as condições em que os seres humanos fazem as suas escolhas irão, naturalmente, ser determinadas pelos conteúdos comerciais e publicitários a que foram e são expostos. O impacto negativo surge pela dissociação que acontece, quando as influências são sistematicamente no sentido de escolhas e satisfação de aparentes necessidades, que constituem fatores de risco para a saúde e bem-estar das pessoas. Destaca-se, ainda, que a exposição pode ocorrer apenas pela facilidade no acesso físico a determinados espaços, como por exemplo, estabelecimentos de restauração multinacionais cuja produção alimentar é constituída por um conjunto de excessos nutricionais.

Ao mesmo tempo, é cada vez mais frequente as entidades do setor privado e corporativo recorrerem a estratégias de responsabilidade corporativa social, ou seja, ações e atividades que pretendem apoiar o desenvolvimento social comunitário ou nacional onde estão inseridos ou a nível regional e global. No entanto, começa-se a observar, sobretudo, ações de responsabilidade social numa lógica de compensação pelos impactos negativos que a entidade traz às pessoas expostas. Por exemplo, algumas companhias aéreas de forma a compensar pelas quantidades de combustível utilizado e, consequentemente, pelos gases com efeitos de estufa libertados, apresentaram iniciativas de preservação ou reabilitação de espaços verdes, que incluem reservas naturais. Um outro exemplo, são as companhias e associações de bebidas alcoólicas, em particular da área da vinicultura, que recorrem a estratégias de responsabilidade social ao associarem-se a campanhas dirigidas a algum problema de saúde, incluindo as comunidades escolares ou até na cedência de material eletrónico para os serviços públicos. Contudo, estas práticas estão, em muitos casos, apenas a criar uma imagem de aparente apoio e retorno social, pese embora em nada alteram nem o modelo nem as matérias-primas que estão a causar os problemas em primeira instância. Outra consequência negativa é a capacidade das entidades do setor privado e comercial criarem uma potencial imagem de responsabilidade e legitimidade, passando a integrar e a participar no desenho de políticas e planos, aumentando a sua possibilidade de serem moldados de acordo com os interesses corporativos, desalinhados com o que são as melhores opções para as pessoas[66, 70]. O pensamento linear continua a condicionar escolhas mais saudáveis pela grande maioria da população mundial, esperando-se que um maior investimento, conhecimento e adaptação a estas práticas comerciais permitam a diminuição no uso invulgar, consequente ou por criação de imagem desta via e, assim, ter também mais transparência para todos os consumidores. Os grupos empresariais com menos aceitabilidade social ou por forma a ganhar poder negocial e maior capacidade de representação, têm atualmente um conjunto de plataformas que alavancam a sua capacidade de representatividade social. A partir daqui abre-se, também, uma Caixa de Pandora, se se tiver em conta as associações fantasma criadas e que levam, por via indireta, à participação quase direta aos fóruns nacionais e internacionais.

Recentemente, evidência científica tem mostrado como a indústria tabaqueira se tem adaptado às crescentes regulações de que tem sido alvo, através de vias ocultas, conseguindo, muitas vezes, com sucesso passar a sua mensagem aos consumidores alvo[71–73]. Neste ponto, destaca-se que o ato de consumir produtos de origem de tabaco é tão antiga quanto o ser humano. No entanto, do ponto de vista industrial é que se desenvolveram métodos que iniciaram a criação da necessidade de consumir este produto, além deste ter sido modificado em termos de componentes aditivos e características, de forma a prender o seu consumo continuado. Deste ponto de vista, mesmo perante a Convenção-Quadro para o Controlo do Tabaco, assinada por 168 Estados-membros, a utilização de ferramentas industriais que promovem o consumo de tabaco tornaram-se demasiado negativas e com consequências nefastas, sobretudo em grupos populacionais com maior privação socioeconómica, dado estes estarem mais vulneráveis até, biologicamente, a um padrão de consumo aditivo. Transpondo, em termos de produtos nefastos produzidos, para os combustíveis fósseis, também se observa que as empresas petrolíferas, sejam de âmbito de extração, distribuição ou fornecimento, têm desde há vários anos adotado estratégias de responsabilidade social para compensar os custos climáticos que esta indústria tem em todo o mundo[7]. Em particular, é frequente observar apoios financeiros avultados a iniciativas sociais, de apoio a grupos populacionais vulneráveis, procurando criar uma lógica de moralidade em torno da sua imagem.

No entanto, será eticamente aceitável estas práticas de redistribuição social para as populações, como efeito de compensação, após se observar os impactos das alterações climáticas provocadas, em parte, pela queima e sobreutilização de combustíveis fósseis?

Estaremos a entrar numa fase de normalização destes atos de responsabilidade social, por empresas que causam danos tão catastróficos a nível planetário?

Este tipo de atividades e de conquistas de uma boa imagem junto da população, existe também, por exemplo, na área dos distribuidores alimentares, com inúmeras campanhas ao longo do ano, patrocinando eventos públicos, prémios e outros, de forma a demonstrar a preocupação com a responsabilidade social. No entanto, ao mesmo tempo, priorizam a publicidade de produtos alimentares com péssimas qualidades nutricionais e são permeáveis a cláusulas contratuais e outros meios negociais, que expõem os seus consumidores a um conjunto de produtos nutricionais com enormes impactos negativos na sua saúde e bem-estar. O mesmo se aplica às cadeias de *fast-food*, que atribuem fundos financeiros em valores elevadíssimos de apoio a grupos populacionais vulneráveis, enquanto ativamente promovem o consumo dos seus produtos, que provavelmente levam muitas outras pessoas às condições de vulnerabilidade que, depois, passam a financiar. Assim, observamos que a crescente materialização de um canal utilizado pelo setor privado e corporativo, em termos de promoção da imagem social da empresa ou indústria é atualmente muito comum, e com elevado sucesso ao ter benefícios, também, na aproximação dos poderes políticos e societais, mantendo um *statu quo* que permite o funcionamento da engrenagem de um círculo vicioso, com resultados muito negativos na saúde e bem-estar das populações.

Associado às práticas anteriormente descritas, as empresas multi e transnacionais têm cadeias de abastecimento que se amplificam ao nível global, tornando o seu rastreamento e, consequentemente, a identificação de responsabilidade e sistema de prestação de contas num verdadeiro desafio. Atualmente, um chocolate que é consumido num país da União Europeia, iniciou a sua viagem na plantação, colheita e secagem dos grãos numa aldeia na Costa do Marfim. Foi transportado por caminhos sinuosos até a um armazém no centro da cidade mais próxima, comprado por uma empresa de exportação e transportado até às docas, sendo, depois, carregado em contentores e transportado por navios de grande porte. Estes grãos são depois comprados por uma das poucas empresas intermediárias a nível mundial, que pode operar nalgum local da América Central, a qual produz a primeira pasta de chocolate e que é adquirida por uma das poucas empresas multinacionais que traduz a pasta na versão final do chocolate, de acordo com o formato e sabor pretendidos. Embora o intervalo de tempo desde a produção até à mão do consumidor final possa ser relativamente curto, a extensão da cadeia de abastecimento tem vários níveis e atores, com enormes desigualdades internas em como os rendimentos auferidos são posteriormente distribuídos. Por outro lado, do ponto de vista de segurança alimentar, a existência e exposição a agentes nocivos para a saúde torna bastante complexo o rastreamento do processo e identificação do local de intervenção, de forma a prevenir quaisquer novas consequências fruto de menor qualidade do produto em questão[22, 23]. O formato atual da economia global, apesar dos instrumentos e acordos internacionais, torna muito difícil a implementação de mecanismos com maior justiça social, em que os produtores da Costa do Marfim sejam aqueles que estão em maior insegurança laboral e maior incerteza comercial, mas, ainda assim, são aqueles cuja redistribuição financeira é menor, proporcionalmente comparado com os restantes atores da longa cadeia de distribuição. Este exemplo é aplicável a inúmeros frutos e legumes provenientes de todo o mundo e comercializados em quase todos os mercados, além das explorações do mercado das carnes, que apesar de, em muitos países, ter um padrão mais local, carece, ainda, de uma verificação apertada que garanta a segurança alimentar em toda a sua linha. Neste ponto, em particular, o aumento do consumo exponencial e o desperdício alimentar, hoje, existente traduz-se numa exploração animal com consequências do ponto de vista do seu tratamento para as alterações climáticas, sendo a terceira principal causa de emissão de gases de estufa para a atmosfera, atualmente[7].

Ao longo deste capítulo, percorremos uma viagem entre as nossas escolhas no dia a dia até às políticas que determinam o nosso ambiente e a disponibilidade dos recursos financeiros que temos para satisfazer as nossas necessidades. No entanto, tentamos compreender como muitas destas necessidades podem estar a ser, efetivamente, moldadas por interesses comerciais que nos criam uma vontade na aquisição de bens e produtos, que, porventura, não trará maior bem-estar à população, em geral. A acumulação de riscos no sistema bancário internacional, a exploração de uma visão de produção desenfreada e de más práticas na redistribuição dos rendimentos líquidos obtidos, estão a comprometer a capacidade das sociedades em desenvolverem-se com saúde e, sobretudo, mantêm e aumentam o hiato entre os mais pobres e os mais ricos. Uma vez que, atualmente, se vive num mercado global mais interconectado, que nunca urge promover a mudança que permita assegurar um maior alinhamento dos interesses comerciais com os interesses das populações, estamos sob pena de criar formas de recessão e de descontentamento social, com enormes efeitos nefastos globalmente.

Observa-se, efetivamente, uma construção de um modelo de mercado comercial que deixou de conseguir responder às necessidades mais básicas da maior parte da população, enquanto tenta, apenas, servir as necessidades materiais mais avançadas, apenas de alguns. O valor da felicidade, como Anne Frank o diz, parte do próximo e do valor da comunidade em torno de cada indivíduo. Tal como referido anteriormente, será sempre necessário dar um passo atrás e questionar se o ponto de partida para o desenho das organizações comerciais e corporativas se coadunam e se, até, determinam negativamente a organização social hoje observada. Em última instância, as oportunidades estão condicionadas e as novas e futuras gerações encontram-se muito limitadas na capacidade de expansão que cada ser humano deve dispor, independentemente do local onde nasça e viva. Assim, será importante assegurar mais democracia participada e maior representação em todos os níveis de governação, que afetem as relações comerciais internacionais, nacionais e locais.

Capítulo 5
Os sistemas de saúde

Of all the forms of inequality, injustice in health is the most shocking and inhumane.

— Martin Luther King Jr.

Nestes próximos dois capítulos, vamos abordar os principais sistemas sociais que, atualmente, compõem os serviços básicos populacionais, os quais procuram abordar e satisfazer as necessidades básicas das populações. Embora não existam de forma isolada e sejam complementados e influenciados por demais sistemas (como por exemplo, de investimento, económico, comercial), consideramos estes sistemas como aqueles que se focam no que são riscos, vulnerabilidades ou fatores de capacitação individuais e populacionais, sendo já amplamente estudados como indispensáveis à total realização de uma sociedade e, enfim, ao seu desenvolvimento sustentável. Considerando o atual modelo de governação das sociedades, com forte pendor económico, como discutido no último capítulo, o qual tem impactado a evolução cujas alterações têm ocorrido da forma como os sistemas sociais se organizam e prestam os seus serviços às populações. Desde a existência do ser humano, estes sistemas foram praticamente inexistentes durante a maior parte do tempo, estando, apenas, acessível a uma pequena parte das pessoas. No entanto, com a evolução do conhecimento e da tecnologia, este paradigma modificou-se sobretudo desde a Revolução Industrial, com o crescimento da conceção dos Estados, enquanto agentes cuja principal finalidade é proteger os cidadãos sob a sua jurisdição, assumindo as funções de financiador, prestador e regulador, pese embora estas foram-se modificando nas últimas décadas. Se numa fase inicial houve um processo de assumir todas estas funções, assegurando um crescente número de pessoas cobertas pelos sistemas sociais, sobretudo nos períodos após a Segunda Guerra Mundial, a partir dos anos 70, foi introduzido um novo conceito político e social, o neoliberalismo, com forte transição das funções de prestação para o setor privado. Atualmente, ainda é o paradigma em que a maior parte dos sistemas sociais assentam, com repercussões negativas em termos de desenvolvimento sustentável e equidade, do ponto de vista macro e microeconómico, como verificamos no último capítulo. Iremos, também, analisar à luz deste enquadramento os próximos sistemas sociais.

Um sistema, enquanto um conjunto de atividades e processos interdependentes que são implementados de forma a alcançar determinado fim, é a base organizacional que norteia a capacidade de satisfazer as necessidades das populações. Em particular, um sistema de saúde, consideradas as atividades de prestação de cuidados individuais e coletivos que devem ser executadas, deve atuar de forma a garantir um conjunto de dimensões como eficiência, efetividade, qualidade e segurança dos cidadãos[74]. Mas iremos começar pelo início, pois a saúde apesar da importância que tem na vida de cada um e do ponto de vista ético, a evolução nos últimos 100 anos tem sido extraordinária, comparando com todo o restante período de existência do ser humano. Um dos maiores saltos atingidos para a longevidade que hoje acontece no mundo tem que ver com o método de pensamento epistemológico dirigido à saúde e bem-estar das pessoas e populações, com ganhos incríveis, pese embora, ainda, com enormes desigualdades sejam elas geográficas, de género, de etnia ou de nível socioeconómico. Infelizmente, estamos a assistir a uma reversão de alguns ganhos já alcançados e em termos de desigualdades, estas continuam a aumentar, sendo que iremos discutir adiante algumas possíveis causas, da perspetiva do sistema de saúde[38]. A definição de saúde que atualmente é mais aceite foi definida pela Organização Mundial de Saúde, enquanto o maior nível possível de saúde física, mental e social que qualquer indivíduo pode atingir, e não apenas a sua ausência de doença. Esta definição consta, para todos os efeitos, como aquela que é usada na Carta das Nações Unidas e deverá constar na interpretação e na transposição para as constituições de cada país soberano, Estado-membro das Nações Unidas[75]. Neste sentido, o acesso à saúde manifesta-se verdadeiramente como um tema muito abrangente, para o qual os modelos de sistemas de saúde não foram desenhados ou, pelo menos, não conseguem cumprir a sua missão, em particular, se olharmos para a componente social da definição, assim como para a ausência de doença, numa lógica de conjunto de fatores riscos e fatores protetores os quais devem ser considerados em termos da tipologia de cuidados prestados. Esta definição de saúde baliza, assim, um conjunto de necessidades cujos sistemas desenhados devem traduzir nas suas atividades interdependentes, fazendo cumprir o seu desígnio.

Fazendo uma reflexão sobre os sistemas de saúde atuais, há uma grande componente implícita de atividades não contabilizada, realizada ou formalizada no cumprimento do pressuposto acesso à saúde para todos, sem descriminação ou barreiras de qualquer natureza. Estes sistemas concentram-se, sobretudo, na resposta rápida às necessidades de doenças agudas e na resposta continuada às doenças crónicas, mantendo o seu foco quase exclusivo na doença e no tratamento farmacológico. A par disto, trata-se de um desenho de modelo de cuidados, apenas, centrado no indivíduo, sem considerar o seu contexto de interações sociais, económicas e ambientais, o que faz com que os fatores que geram o evento doença, mantenham-se em quase todos os casos praticamente inalterados. Antes de discutir os modelos de disrupção fisiológica, carecemos ainda da compreensão do que se considera a saúde em termos de resultado para a vida humana, ou seja, a saúde deve ser considerada como um final ou um meio para a realização da vida?

Neste ponto, têm existido muitas discussões ontológicas, no sentido de compreender fenómenos de bem-estar e de que fatores estruturais estes dependem, a par dos fenómenos de felicidade, alegria e realização pessoal. Estas emoções construídas a partir de sentimentos e razões são, eventualmente, moldadas ou determinadas pelos valores sociais e padrões éticos do contexto em que cada um se encontra[15, 20]. Se alguns povos anteriores libertavam epinefrina pelas glândulas suprarrenais, dando uma sensação de realização e bem-estar, aquando da visualização de degolações fatais em plenas arenas de gladiadores, o mesmo já não se verificaria hoje em dia em quase todas as sociedades[5]. Atualmente, a ida a um cinema ou a uma revista num teatro poderá causar o mesmo nível de epinefrina, dando lugar à expressão de sentimentos que se traduzem nas emoções positivas previamente evocadas. Assim, neste caso, a possibilidade, o grau e intensidade de tal libertação dependerá, naturalmente, do nível de saúde que a pessoa terá. A concentração hormonal está, assim, diretamente associada ao melhor estado fisiológico possível, o que lhe dará melhor retorno emocional. Poder-se-á concluir que a saúde tenderá a ser mais um meio do que um fim em si mesmo e poder-se-á aplicar em todas as dimensões nas quais se encontra definida pela Organização Mundial de Saúde. Por exemplo, uma saúde social precária poderá traduzir-se num menor nível de escolaridade e, por isso, condicionar a opção por barreira do desconhecimento ou económica no acesso a tais atividades: enquanto uma saúde física com elevada limitação poderá incapacitar a deslocação ou permanência por longos períodos em tais salas de espetáculo, uma saúde mental deficitária poderá não permitir atingir os melhores níveis sentimentais pela sua desvirtuação basal.

Assim, a saúde ao ser um meio para uma vida com qualidade, também será provavelmente o fator com maior peso caso alguma limitação esteja presente. Este aspeto é, também, relevante nas questões que iremos discutir sobre os fatores determinantes e a relação com as necessidades sociais, que se encontram num ritmo e volume de crescimento muito superior às capacidades atualmente disponíveis para as satisfazer nos países ocidentais, em particular, devido à transição demográfica e epidemiológica. Mesmo nos países que ainda se encontram a realizar a transição demográfica, em particular países de baixo e médio rendimentos, com elevadas taxas de mortalidade infantil, alta taxa de natalidade e baixa esperança de vida, o facto da transição epidemiológica já estar a decorrer, significa que as necessidades sociais encontram-se também em crescimento pelo peso da carga de doença provocada pelas doenças crónicas, sendo paralelamente um desafio em crescimento[76, 77]. Esta interpretação conceptual e ética do conceito de saúde e das suas implicações práticas, permitem identificar um conjunto de áreas que poderão ou não ser abordadas ou então cair fora do âmbito habitualmente previsto para um sistema de saúde. Veremos que os desafios inerentes aos sistemas de saúde e às necessidades de saúde das pessoas são transversais em todo o mundo, podendo ter uma distribuição de pesos diferentes, mas que não depende certamente do poder financeiro de cada país, dado tal como discutido em capítulos anteriores, estará mais dependente de fatores estruturais macroeconómicos, do que outro qualquer fator e, assim sendo, de natureza global.

Uma outra abordagem conceptual importante é como se distribuem e quantificam os fatores determinantes do estado de saúde de uma pessoa e de uma população. Habitualmente considerado o estado de saúde de uma pessoa ao longo da sua vida pode ser, em primeira instância, determinado pelas suas características biológicas, como o sexo e a idade, e genéticas, a par da meiose ocorrida no momento de fecundação, e depois todas as influências ambientais que irão também determinar a expressão maior ou menor de determinados genes e alelos ao longo da vida[14]. Naturalmente, em seguida, os ambientes sociais do contexto da vida diária, como o tipo e o local de trabalho, os grupos familiares e sociais, o tipo de habitação, o nível de escolaridade e o ambiente externo, em termos de acesso a espaços verdes ou a locais com maior ou menor qualidade do ar, assim como a exposição a produtos alimentares, álcool e outros produtos nocivos para a saúde, atuam num segundo nível e com um peso superior nos fatores de risco a que determinadas pessoas estão expostas e na probabilidade de virem a desenvolver doença. É, também, neste nível que se observam os serviços de saúde, de acordo com a tipologia dos cuidados de saúde prestados. O nível superior caracteriza-se pelas políticas sociais, económicas e ambientais que são definidas e que influenciam estruturalmente todos os níveis anteriormente discutidos e, assim, são aquelas com maior influência de base no estado de saúde das pessoas e das populações. Esta descrição dos vários fatores de acordo com os níveis de influência, segue um quadro conceptual já bem conhecido e estudado na literatura, sendo uma referência importante para a compreensão alargada de que saúde é muito mais do que apenas cuidados de saúde[14, 68]. Em particular e partindo de um outro modelo que permite uma melhor quantificação, ainda que num formato mais agregado, é possível observar que os determinantes sociais, económicos, ambientais e comportamentais representam mais de 70% de influência do estado de saúde de uma população, seguido pelos cuidados de saúde que representam apenas cerca de 10–15%, sendo a percentagem restante composta pelos fatores genéticos e individuais. Deste modo, é possível observar que a maior parte dos atuais orçamentos investidos no considerado setor da saúde, são dirigidos, uma pequena parte, na diferença do efeito que verdadeiramente poderá ter nas pessoas e nas populações, ainda que sejam individualmente essenciais para o tratamento e preservação da sua vida.

A par da definição de saúde, a compreensão dos seus determinantes leva à reflexão sobre o verdadeiro papel que um sistema de saúde deveria ter perante os grandes desafios para a saúde das populações no século XXI[4]. E começando por estas, com base nos principais fatores descritos, atualmente, a saúde das populações encontra-se em maior risco fruto dos fatores planetários provocados pelas alterações climáticas, quer por via de efeitos do aumento da temperatura média da Terra, aumento do nível médio das águas do mar, a perda de glaciares e todas as consequências nos funcionamento homeostático do planeta Terra, quer pelos eventos críticos e agudos que estas alterações provocam, em termos de ondas de calor e de frio, fenómenos meteorológicos extremos como tornados, furacões e sismos. Estas ameaças constantes podem, num período temporal muito curto, causar enormes disrupções sociais e destruição territorial, como observado pelos efeitos do ciclone Idai em Moçambique, em 2018, ou o sismo na Turquia e Síria em 2023, entre muitos outros. Por outro lado, existe um enorme fosso em termos de desigualdades, provocado pelas políticas económicas anteriormente discutidas, assim como os determinantes comerciais, que afetam a vida quotidiana de todos os cidadãos mundiais e, naturalmente, os recursos e as escolhas que estes fazem, com maior ou menor grau de serem saudáveis e protetoras. Em particular, nos sistemas de saúde verifica-se também um aumento dos custos de produção, sem necessariamente ser acompanhado de maior produtividade ou de melhores resultados em saúde. As expectativas e necessidades dos cidadãos, também, se vão alterando e são muito diferentes, tanto em termos geográficos, como socioeconómicos, culturais e de género. A capacidade de adaptação e flexibilidade a estas necessidades requer sistemas dinâmicos cujos países e organizações têm tido dificuldade em conseguir alterar[78, 79]. Ainda, os modelos e formatos de organizações influenciam os sistemas de saúde, tanto nas respostas continuadas às necessidades de saúde das populações, com variações de acesso altamente desiguais entre determinados países no continente africano e outros no continente europeu, como tendo em conta as doenças que mais encontram a afetar certos grupos populacionais. Por outro lado, as relações entre a governação global de saúde, de saúde nacional e de saúde local têm vindo a ganhar diferentes ligações, organizações e estruturas, particularmente, após a pandemia da covid-19: seja através do reforço da Organização Mundial de Saúde, seja através de um maior poder concedido à Comissão Europeia em competências de saúde ou, ainda, pelo reforço estrutural da União Africana e demais estruturas regionais, também na área da saúde. Assim, perante os desafios que a saúde enfrenta, os determinantes que mais encontram a afetar este nível de saúde e o dinamismo organizacional e estrutural dos vários atores que compõem os sistemas de saúde, importa agora olhar para cada uma das áreas que o definem, sejam de forma implícita ou explícita.

Na consideração mais simplista de sistema de saúde, habitualmente este traduz-se como centrado nos cuidados de saúde, que, na língua inglesa, habitualmente, é distinguido entre *health systems* e *healthcare systems*. Atualmente, quase se refere apenas ao segundo, se for considerado o modelo de governação em curso, que se reflete no formato de organização política dos governos que constituem a maior parte dos países. O primeiro termo, na aceção alargada de sistemas de saúde, considera também outras atividades que são dirigidas aos determinantes além dos cuidados de saúde, nomeadamente, os sociais e ambientais. Como veremos, a maior parte dos sistemas de saúde não são puros em termos destas definições, observando-se na realidade, zonas de interface em termos de atividades dirigidas a estes determinantes, sobretudo quando realizadas pelos serviços de saúde pública, ou seja, numa abordagem de saúde populacional. Mas, antes de avançarmos, consideremos um pouco a evolução dos sistemas de saúde. Na realidade, estes, apenas, começam a aparecer após a Segunda Guerra Mundial, sendo que, até então, os cuidados clínicos sempre foram exercidos em todo o mundo, variando na conceção, nos profissionais, nos métodos e no conhecimento. Em particular, este último ponto é essencial para a evolução da tecnologia na medicina e a capacidade de melhorar o sucesso dos tratamentos disponíveis, passando de serem quase exclusivamente à base de métodos religiosos e de crença, para a utilização do método científico na abordagem da doença. No entanto, mantém-se, ainda, uma zona cinzenta do que é considerado a medicina tradicional de origem asiática, aplicada há muitos milhares de anos, mas, na maior parte dos casos, sem seguir o rigor científico da medicina ocidental. Por outro lado, o acesso a tratamentos, nomeadamente de doenças infetocontagiosas e, em particular, dirigido à tuberculose (provavelmente, a doença mais antiga do mundo), eram tratadas em conventos ou outros espaços de origem religiosa e em espaços como sanatórios, onde na maior parte das vezes eram apenas oferecidas condições para que a pessoa pudesse recuperar ou, eventualmente, falecer, visto não existirem quaisquer tratamentos disponíveis. Em Portugal, estes locais e movimentos religiosos acabaram por dar origem às estruturas conhecidas como Santas Casas da Misericórdia, que acabaram por ser essenciais em assegurar o mínimo de cuidados de saúde e sociais à população durante várias centenas de anos, até à criação do Serviço Nacional de Saúde, apesar de, atualmente, ainda serem uma componente importante da sociedade civil e de respostas sociais à população[21].

Os sistemas de saúde sempre existiram, embora com componentes, atributos e objetivos diferentes daqueles observados e renovados em grande parte dos países de alto rendimento, após a Segunda Guerra Mundial, baseados em valores de solidariedade, equidade e universalidade. Em particular, verificou-se a apropriação do objetivo de garantir uma cobertura universal de saúde, associado ao direito constitucional do acesso à saúde, através da prestação de cuidados de qualidade, de acordo com as necessidades de saúde e de forma tendencialmente gratuita no ponto de contacto, isto é, sem criar despesas catastróficas de saúde sempre que os cuidados fossem necessários. A par da mudança deste objetivo, uma das componentes essenciais foi anteriormente criada a partir das tendências da administração e burocracia criadas com Max Weber, dada a evolução de sistemas complexos, tal como a área da saúde necessitou de um modelo de governação do Estado e um modelo de gestão capaz de garantir um corpo profissional qualificado na área da saúde e uma regulação dos atos administrativos, de forma a conseguir alocar os recursos de acordo com as necessidades[80, 81]. Neste sentido, considerando as formas de financiamento e prestação dos sistemas de saúde, consagrando o direito à saúde de todos, foram desenvolvidos essencialmente dois modelos de sistemas de saúde, cujos nomes se atribuem aos seus pensadores iniciais — William Beveridge e Otto von Bismarck, ou seja, os sistemas beveridgianos e bismarckianos. O primeiro, definido a partir do conhecido *Beveridge Report*, publicado em 1942, lança as bases para o sistema de saúde do Reino Unido, conhecido como *National Health Service* cuja definição consiste no financiamento a partir da coleta de impostos e da redistribuição financeira para os prestadores de cuidados, por via do orçamento de Estado[82]. O segundo modelo, cujas bases surgem no final do século XIX, acaba por se desenvolver no período pós-guerra, cuja definição consiste no financiamento por seguros sociais de saúde e cujo pagamento dos prémios é realizado por via das funções laborais, estando obrigatoriamente cobertos as crianças, jovens e estudantes, a população reformada e desempregada. Posteriormente, a partir dos prémios pagos, é também alocado os recursos financeiros aos prestadores. Assim, a principal diferença verifica-se ao nível do formato de coleta do financiamento, existindo diferentes propriedades e escalonamentos nas atribuições, de acordo com o formato dos sistemas serem mais ou menos regressivos. Além destes, os demais sistemas de saúde consistem na ausência de obrigatoriedade em ter uma cobertura de saúde, o que deixa à consideração do cidadão ter um seguro de saúde ou à sua vulnerabilidade, caso não tenha capacidades financeiras para o ter. Este paradigma, infelizmente, é ainda uma realidade para grande parte da população mundial, sendo entre os países de alto rendimento, o sistema existente nos Estados Unidos da América e na Suíça, com grandes dificuldades de acesso da população a cuidados de saúde, sobretudo entre as populações em maior privação socioeconómica[83]. Entre os países de baixo e médio rendimento, observa-se quase uma totalidade de ausência de sistemas de saúde com coberturas obrigatórias, sendo dependentes das despesas diretas das pessoas quando precisam de cuidados e de um grande volume de ajuda financeira externa, seja por relações bilaterais e multilaterais com outros países, seja através de organizações e fundações globais. Apesar dos recentes esforços das Nações Unidas em avançar em compromissos internacionais para garantir a cobertura universal de saúde em todos os países, essencialmente, através dos compromissos políticos assumidos ao mais alto nível na Assembleia-Geral das Nações Unidas sobre o tema em particular. Como veremos adiante, do ponto de vista da saúde global, este ponto é particularmente relevante de modo a garantir que os financiamentos verticais dos sistemas de saúde mais frágeis, comecem a ser canalizados para o seu reforço de uma forma sustentada no tempo[1, 30].

Apesar de todos os modelos de quadros de referência, conhecidos como *frameworks*, que tentam delinear do ponto de vista prático (estratégico e operacional) e para fins de investigação, o ponto de partida do pensamento e desenho de tais modelos tem estado enviesado. Ou seja, a partir da nossa discussão e interpretação de saúde e dos direitos constitucionais e consagrados na Carta das Nações Unidas, considerando a inclusão dos interesses de todos os atores que constituem os sistemas de saúde atuais, estes têm, apenas, focado na prestação de cuidados de saúde individuais e essencialmente curativos. Este enviesamento de pensamento inicial não permite a evolução do modelo de governação dos sistemas de saúde, particularmente para fazer face aos desafios crescentes impostos pela transição demográfica e epidemiológica, que atualmente é uma realidade em todo o mundo. Apesar das enormes diferenças em termos de esperança de vida, a transição demográfica das doenças transmissíveis para as doenças não transmissíveis e, nos países de baixo e médio rendimento, com um peso cumulativo de ambos os tipos de doenças, o formato de prestação de cuidados de saúde requer urgentemente uma alteração na abordagem para cuidados focados, sobretudo, na promoção da saúde e na prevenção primária, ao mesmo tempo que assumem um duplo papel de abordagem de saúde individual e saúde populacional. Tal como referido, a saúde populacional capta dimensões que escapam ao espectro de intervenção individual, além de que introduz a necessidade do pensamento de sistemas complexos, subjacente à realidade e naturalidade do funcionamento do mundo, com mais enfoque nas interligações das suas partes do que nas partes em si mesmas. Iremos abordar mais à frente, como os efeitos de integração e colaboração são um dos maiores desafios organizacionais que os sistemas enfrentam. Assim, entre os vários princípios, componentes e instrumentos que constituem e caracterizam a governação dos sistemas de saúde, continua-se a observar uma necessidade de os considerar além do tratamento de doenças, incluindo os determinantes que antes destacamos, mesmo que neste sentido se incluam fatores administrativos e operativos que habitualmente estão integrados noutros setores governativos[82, 84]. Este ponto é particularmente relevante se for considerado o sistema de saúde como integrado em dois níveis, além da estrutura nacional, ou seja, o setor da saúde dentro das organizações governativas é particularmente descentralizado, isto é, requer tanto uma aproximação geográfica às populações, como uma estrutura funcional diferenciada entre os decisores e os operadores técnicos, constituídos por recursos humanos em saúde, altamente diferenciados e qualificados. Por outro lado, e como demonstrado pela pandemia da covid-19, cada vez requer mais um conjunto de competências centralizadas supranacionais, seja através de estruturas politicamente determinadas como os órgãos da União Europeia ou por via de organizações normativas como a Organização Mundial de Saúde. Assim, esta compartilha de competências e responsabilidades entre os níveis supra e infranacionais reforça o modelo de governação multinível que caracteriza fortemente os sistemas de saúde. Adicionalmente, sobretudo ao nível local, sendo mantido tantos os níveis estratégicos como operacionais, que se adequam, adaptam e são flexíveis às necessidades das populações que servem, permitem também com maior facilidade a integração na abordagem de determinantes que centralmente poderão ser considerados mais alocados em cada setor governativo. A complexidade governativa dos sistemas de saúde cada vez mais necessita de conhecer e caracterizar os contextos de ação, mantendo uma matriz de ação comum e que cujas políticas se definem se alinhem, sejam coerentes e sobretudo reforcem alocações concertadas de recursos e serviços prestados de forma integrada, entre setores.

A transformação da governação dos sistemas de saúde necessita, então, de evoluir num quadro de referência que inclui ambos os níveis de saúde a quem deve ser prestado cuidados, o nível individual e coletivo e, consequentemente, considerar todos os determinantes de saúde passíveis de serem modificados, influenciados os resultados de saúde e a sua distribuição em determinada população[85, 86]. A par dos valores já descritos, que devem nortear estes sistemas, a resiliência é um outro valor recentemente introduzido nesta conceptualização, representando a capacidade que os sistemas de saúde têm em continuar a responder às necessidades dos seus cidadãos, quando estes enfrentam choques externos. Em particular durante a pandemia da covid-19, observou-se que para lhe responder, além dos receios naturais entre os profissionais de saúde e a dificuldade inicial de providenciar equipamentos de proteção individual a todos os profissionais de saúde, a elasticidade dos sistemas são consideravelmente curtos. Muitas outras necessidades, diagnósticos, acompanhamento de pessoas com doença crónica e vigilância de saúde materna e infantil ficaram para trás, e é preciso aproveitar o momento de agenda política proporcionado para implementar mudanças de fundo na forma como os sistemas são interpretados. Seja qual for o modelo anteriormente discutido, é também essencial promover confiança, liderança e capacidade organizacional ao nível mais descentralizado, ao mesmo tempo que ao nível central é mantido uma capacidade de equidade territorial e organizacional e coerência em todo o sistema.

Adicionalmente, de forma a ser possível dar resposta aos desafios impostos pelos vários determinantes de saúde, incluindo as ameaças transfronteiriças de saúde pública, provocadas por doenças transmissíveis e outros agentes físicos e químicos capazes de grande impacto populacional, assim como os fatores de risco das principais doenças não transmissíveis cujo fruto dos operadores económicos transnacionais causam estes fatores, também, expõem populações além-fronteiras. Desta feita, observa-se uma concertação de políticas supranacionais que vão além do próprio setor da saúde e recorrem a instrumentos de previsão e de regulação que incluem impactos na saúde e bem-estar[24, 87]. Esta governação vertical e horizontal, alinhada e concertada, é essencial para transformar os sistemas de saúde numa lógica de equidade e capaz de dar resposta aos desafios atuais. Um outro ponto chave, que está permanentemente incluído na narrativa dos vários atores governamentais e não governamentais, está relacionado com o nível, grau e intensidade de participação dos cidadãos, que em qualquer sistema de organização social deve ser a extensão do poder democrático ativo, que não se restringe a uma atitude passiva. No entanto, a saúde talvez seja dos poucos setores com particularidades importantes em que torna ainda mais significativo a forma de inclusão e participação dos cidadãos, tanto na tomada de decisões relativas à saúde individual como àquelas referentes à saúde populacional. Este facto deve-se ao que é conhecido como assimetria de informação, em que pela especificidade técnica e, muitas vezes, pela vulnerabilidade individual, pela situação de risco ou de doença, os cidadãos tendem a delegar as suas decisões num profissional de saúde, que assume essa responsabilidade de acordo com o que, na sua avaliação de risco, considera ser a melhor solução para o cidadão[88]. Naturalmente, há sempre espaço para uma aproximação e compreensão mútua da informação, que vem sendo cada vez mais favorável ou, pelo menos, mais acessível através das ferramentas digitais. Por outro lado, há outras decisões além do carácter técnico que também podem e devem ser adotadas, que se relacionam com a capacidade de influenciar funcionamentos e atividades administrativas, por exemplo, dos serviços de saúde com impacto considerável no seu acesso. Apesar de instrumentos já disponíveis, como a possibilidade de emissão de sugestões e reclamações, criação de associação de utentes ao nível dos centros de saúde, ainda carece de formatos mais próximos e sustentados nesta inclusão e auscultação dos cidadãos enquanto elementos-chave do sistema.

Antes de discutir a participação do ponto de vista populacional, abro aqui um parêntesis para discutirmos o conceito que mais se relaciona com esta questão e que tem sido amplamente divulgado como ponto de partida da conceptualização dos sistemas de saúde, o «sistema de saúde centrado na pessoa» ou «colocar o cidadão no centro do sistema de saúde». Como já tínhamos visto, a tendência de individualização dos cuidados, sem considerar o contexto social e o valor do coletivo quando considerado o setor de saúde como um sistema mais abrangente, aliado à contínua aplicação do modelo biomédico, cria tendencialmente barreiras à transformação dos sistemas de saúde para o futuro[84, 89]. Se por um lado, a importância de focar no cidadão se compreende pela necessidade de ajustar a organização profissional e dos serviços de acordo com os trajetos que estes têm de percorrer no sistema, por outro, não abrir espaço à dimensão populacional numa lógica e garantir a prevenção da doença e a proteção da saúde, não inclui estas atividades essenciais ao bom funcionamento dos sistemas de saúde. Esta conceptualização poderá ter tido o seu espaço de modo a melhorar a cobertura universal dos sistemas de saúde, numa altura em que o acesso era significativamente insuficiente, tendo por isso sido relevante. No entanto, perante as aprendizagens observadas atualmente, além da acumulação e exposição de riscos fruto dos determinantes sociais e comerciais nas últimas dezenas de anos, rapidamente as necessidades de saúde e expectativas dos cidadãos se alteraram, sendo cada vez mais complexas de serem satisfeitas. A par destas, o perfil, disponibilidade, expectativas e satisfação dos profissionais de saúde também sofreram modificações consideráveis, agudizadas pela pandemia da covid-19, o que veio enaltecer um desafio para este grupo profissional e para a sustentabilidade dos sistemas de saúde[74, 90]. Assim, é importante refletir sobre o modelo de governação de um sistema de saúde centrado na relação entre cada indivíduo e a população em que este está inserido, assim como a população como um todo.

Regressando ao tema da participação, neste caso então sob a ótica populacional, esta não é realizada do ponto individual, mas sobretudo através de representação dos vários grupos populacionais. Este ponto é particularmente relevante, porque a participação e representação podem ser entidades como fenómenos de intervenção que devem ser analisados e avaliados, de forma a verificar o cumprimento dos objetivos e dos desígnios para que foram nomeados ou convocados. A gestão de conflitos de interesse, a abordagem de enviesamentos representativos e a garantia da equidade nas vozes representadas são três pontos essenciais e eticamente relevantes para garantir que ninguém fica para trás, que não há influências contrárias aos objetivos principais de qualquer sistema de saúde, e que as participações não se sobrepõem em termos de favorecimentos tendenciais a representações mais poderosas, com maior probabilidade de serem auscultados uns grupos em detrimento de outros. Na aplicação de instrumentos de planeamento estratégico, a representação equitativa da população, alvo do plano em elaboração e implementação é essencial, de forma a serem definidas as prioridades, as estratégias e traçadas as metas mais fidedignas e que conduzam tanto a ganhos em saúde, como à redução das desigualdades. E, sendo a saúde populacional o ponto de partida na definição das prioridades em saúde e bem-estar, que devem ser abordadas de forma integrada num determinado horizonte temporal, o planeamento estratégico de base populacional é, assim, um dos instrumentos primários mais importante em todos os níveis de decisão. Primeiro, porque requer uma abordagem de saúde em todas as políticas, ou seja, não é de execução por apenas os serviços de saúde, mas antes cria um espaço de compromisso social alargado. Segundo, porque define tecnicamente, sem influência da esfera política, quais são as prioridades de saúde em que o maior esforço de alocação de recursos deve posteriormente ser realizado, a partir das necessidades de saúde auscultadas e identificadas. Terceiro, porque cria uma linguagem comum em toda a sociedade de uma visão estratégica que pretende ser um guia concreto e concertado. No entanto, a par do modelo de governação atualmente em vigor e a fragmentação da sociedade em vários setores, que têm de cumprir os seus desígnios de forma individualizada, observa-se uma carência de cultura unificadora e colaborativa[76, 86, 91]. Em particular no setor da saúde, ao longo do tempo tem se observado uma enorme fragmentação, tanto dentro do setor público como no setor privado, com e sem fins lucrativos. Esta ocorre ao nível mais individual, entre grupos profissionais, em que ainda são observadas cadeias hierárquicas verticais fortemente enraizadas nos estabelecimentos hospitalares, com repercussões na abordagem das relações entre as associações profissionais, em particular as Ordens Profissionais, e mesmo entre grupos profissionais de diferentes níveis de cuidados, em que não há pensamento de conjunto, por exemplo, entre as equipas dos cuidados de saúde primários e os cuidados hospitalares[92, 93]. Neste caso, estamos apenas a referir dentro do mesmo setor público, no caso de Portugal, uma vez que noutros países e sistemas de saúde em que os prestadores são convencionados, a fragmentação ainda é superior, dado não existirem quaisquer incentivos em privilegiar uma comunicação ou ligação fluída profissional[94, 95]. Este facto não está apenas relacionado com a necessidade em que os processos de cuidados devem seguir os cidadãos nas suas jornadas, mas sobretudo pelos pensamentos subjacentes, já discutidos previamente, que fazem com que os profissionais e gestores apenas sintam a necessidade de se preocupar com a sua linha de produção, sem querer assumir quaisquer responsabilidades partilhadas com outrem. Este fator ainda se torna mais agudizado quando fatores comerciais estão envolvidos, porque além da completude do próprio trabalho, também existe o fim lucrativo que deve ser preservado. Em última instância, há uma consequência prestadora negativa para o cidadão cuja qualidade da satisfação das suas necessidades fica comprometida. Além disso, por efeitos de círculos viciosos, também os próprios profissionais começam a sentir uma crescente insatisfação na realização do seu próprio trabalho, o que se deve tanto a diferentes expectativas profissionais e sociais, mas também às ferramentas que não estão disponíveis com a qualidade, momento e período certo para exercer a profissão com segurança, motivação e qualidade.

A partir das considerações tecidas sobre o modelo de governação que rege o mundo atualmente, qualquer sistema laboral encontra-se em grande pressão pela diminuição da satisfação dos profissionais e a falta de oferta de qualidade, obrigando a que as pessoas tenham de se sujeitar às condições oferecidas, muitas vezes por largos períodos. Em particular para as gerações mais jovens, observa-se uma sobre qualificação para o mercado disponível, obrigando à migração interna e externa na procura das condições ou, pelo menos, das oportunidades que possam eventualmente se traduzirem no bem-estar e satisfação profissional. No entanto, fruto da concentração tanto em género como geográfica destas oportunidades, o espaço de evolução a nível global é cada vez mais curto, traduzindo-se numa competição feroz sem os retornos que providenciam, uma vez mais, uma organização social saudável. Em particular na saúde, a força de trabalho é altamente qualificada, isto é, requer percorrer um conjunto de etapas académicas e formativas que aumentam o grau de conhecimento, treino e experiência, dado deterem a responsabilidade de garantir que os serviços prestados não causam dano e se traduzem em melhorias de qualidade de vida, considerando as dimensões ética e de segurança associada à profissão. Deste modo, as expectativas dos profissionais de saúde são elevadas e exigentes, associado à sua responsabilidade, o que se traduz também num valor social importante para os cidadãos. Naturalmente, países com culturas assentes em práticas de medicinas tradicionais e com fortes convicções de natureza religiosas e cosmológica, terão outras conceções, mas na maior parte dos casos, nomeadamente quando as necessidades de saúde são graves, há uma confiança profissional quase inigualável em qualquer outro setor laboral da sociedade civil. No entanto, atualmente, está-se a observar uma erosão das profissões de saúde tanto por motivos dos empregadores não serem capazes de proteger e garantir a satisfação destes profissionais, como pelo seu risco e elevado desgaste provocado, em particular, após o esforço necessário durante a pandemia da covid-19. Em consequência, há a adoção de políticas de recursos humanos que são potencialmente prejudicais tanto a curto como a longo prazo[83, 90].

Praticamente todos os sistemas de saúde enfrentam desafios importantes relacionados com a sua força de trabalho, pese embora as causas variem consoante a geografia. Por exemplo, os países de África subsariana têm uma enorme dificuldade na formação de profissionais de saúde, tanto por défices financeiros que garantam a instrução completa com uma despesa elevada, assim como estabelecimentos de saúde e formadores adequados. Mesmo entre os que conseguem se formar, a maior parte já pertencente a um grau socioeconómico, acabam por não conseguir atrair e fixar nos seus próprios sistemas de saúde e, ainda, menos nas zonas classificadas como carenciadas, fora das zonas urbanas. O rácio dos profissionais de saúde, por número de habitantes nesta zona geográfica, é muito inferior àquele necessário para garantir a cobertura universal de saúde e, também, quando comparado com os países de alto rendimento, sendo que o modelo atual de financiamento vertical com base em dadores externos, através de movimentos filantrópicos, não permite a sustentação e reforço dos próprios sistemas de saúde. Nos países ocidentais, os desafios atualmente são de outra natureza que inclui a incapacidade de fixação dos profissionais de saúde nos sistemas de saúde universais, com uma fuga intensa para o setor privado de saúde que oferece melhores condições remuneratórias e, por vezes, até tecnológicas, o que esvazia os quadros ao dispor dos sistemas públicos. Por sua vez, cada vez mais a população recorre e utiliza os serviços privados, seja através de pagamentos diretos ou da aquisição de seguros de saúde voluntários, criando-se um círculo vicioso na insustentabilidade e na falta de investimento nos sistemas de saúde públicos, que acabam por servir e satisfazer as necessidades de saúde das pessoas com menos recursos financeiros. Adicionalmente, também a migração de profissionais de saúde para países com mais recursos económicos, é uma realidade ao nível europeu, que a par das migrações observadas em termos da população geral, aumenta as necessidades e, consequentemente, o consumo de serviços nestes países. Assim, os modelos atuais não são atrativos para as profissões de saúde, mesmo entre os que concluem as suas formações, muitos são cativados para o setor privado com melhores condições laborais e as crescentes migrações para países com melhores níveis económicos, o que provoca descontentamento e estrangulamentos na capacidade de cumprir o desígnio da cobertura universal de saúde. A par disto, perante uma nova ameaça de saúde pública, continua a não existir resistência e capacidade de reserva para dar uma resposta efetiva[96, 97]. Uma vez mais, além dos próprios profissionais, serão as pessoas em maior privação socioeconómica ou pertencentes a grupos desfavorecidos que sofrem mais consequências, e são, em termos absolutos, cada vez mais, considerando o contínuo aumento das desigualdades sociais.

Enquanto um dos elementos estruturais de qualquer sistema de saúde, as políticas de recursos humanos são já uma prioridade, mas o ponto de partida da discussão e proposta de soluções continua enviesada. As governações nacionais, por um lado, parecem já não ter a capacidade de individualmente conseguir resolver um problema que vai além-fronteiras e requer cada vez mais soluções conjuntas. Por outro lado, as decisões políticas definidas por ciclos eleitorais de governação, não permitem obter o período temporal para introduzir mudanças de investimento que sejam visíveis e sustentadas a médio prazo. Efetivamente, do ponto de vista do Estado, há uma falta de motivação em modificar ou influenciar desafios cujos retornos não serão visíveis dentro do período de governação e orientam-se, assim, para tentar alterar qualquer política a curto prazo. Esta falta de noção estratégica, alinhada com uma busca de um pensamento causal simples e direto, cria uma barreira enorme na resolução estrutural dos grandes sistemas sociais dos vários países.

Neste caso, um problema de recursos humanos em saúde é praticamente comum a todos os países. Assim, processos de planeamento integrado não têm sido possível de realizar, sendo que os fatores que influenciam estes exercícios de previsão de recursos tendem a não captar os efeitos globais na modificação da procura de consumo de cuidados de saúde. Também, quando se discute as questões relacionadas com a disponibilidade e acesso a profissionais de saúde, um ponto importante, normalmente fragmentado, são os processos de formação desses mesmos profissionais, de uma perspetiva das políticas que são definidas. Habitualmente, os pelouros encontram-se governados por diferentes setores, o que à partida cria dificuldades na integração das políticas de planeamento das necessidades e qualidade dessa mesma formação. Retornando novamente às diferenças regionais, enquanto no Brasil, por exemplo, a autonomia dos Estados federais na formação dos profissionais, ao mesmo tempo que o planeamento de recursos humanos em saúde é realizado a nível estadual, cria uma potencial desconexão que não favorece o sistema único de saúde, mas antes a disponibilidade no mercado. Nos países ocidentais, excluindo o Estados Unidos da América, que tem um sistema educacional altamente desigual, particularmente no acesso à formação em medicina e enfermagem, a fraca comunicação entre setores cria variações entre número de vagas e necessidades reais no mercado, dado estas variarem no tempo e a tal falta de planeamento não compensar as previsibilidades. Também aqui, o efeito de mercado tem ganhado força em conseguir criar condições de idoneidade formativa, dando espaço ao acesso ao curso de medicina e de outras profissões de saúde de forma não regulada pelas necessidades, e com base na capacidade financeira do acesso, com potenciais compromissos na qualidade do ensino efetuado. É importante não esquecer que os contextos de ensino incluem estabelecimentos hospitalares com estas funções dedicadas e que não são amplamente disponíveis. Na União Europeia, existe um contexto favorável para testar soluções de planeamento integrado de recursos humanos em saúde além-fronteiras, até pela diversidade e partilha que existe entre os vários sistemas de saúde nacionais[98, 99]. A diretiva europeia, que garante o reconhecimento das qualificações em qualquer Estado-membro da União Europeia é, ao mesmo tempo, uma vantagem e um desafio, pois respeita a livre circulação de bens e pessoas dentro do mercado único europeu, mas permite o fluxo de profissionais de saúde, nomeadamente, dos países com menos para os que têm mais capacidades económicas. Daí que um pensamento integrado na abordagem de um problema comum é essencial e poderá ser o ponto de partida para uma ação mais forte a nível europeu, servindo como exemplo para outras áreas do mundo. Os recursos humanos em saúde continuarão a ser um grande desafio e atualmente não se antecipa soluções mágicas, sobretudo nos países com défices crónicos destes recursos. Outro ponto relevante é a discussão de competências e a passagem destas para outros grupos profissionais, desde que não fique comprometido tanto a segurança como a qualidade dos cuidados, ao que é conhecido como *skill-mix*. Devido aos silos existentes e à discussão tida em torno da dificuldade de integração e de partilha de visões comuns, os fatores culturais e sociais de um país e das suas populações são difíceis de alterar, sendo importante identificar que grupo profissional se encontra mais bem posicionado para os diferentes atos de saúde que diariamente são executados. Esta execução depende da capacidade técnica, da disponibilidade de profissionais e de outros recursos materiais, assim como os contextos e níveis de cuidados em que são efetuados. Além disto, em plena transição digital, em que a saúde é um setor particularmente relevante pelos dados que produz continuamente e pelas características sensíveis dos mesmos, a formação, conhecimento e aplicação de competências digitais é um passo que ainda precisa de ser dado, estando mais bem preparados aqueles profissionais que já incluírem estas valências nos seus processos educativos e planos curriculares.

Após as considerações sobre os principais instrumentos, a partir dos recursos necessários, que devem estar disponíveis para a governação de um sistema de saúde, chegamos ao ponto de discussão sobre como então os serviços podem ser prestados, cumprindo os desígnios de direito à saúde. Os modelos de sistemas de saúde atuais permitem uma liberdade e flexibilidade longe do ideal, ainda demasiado centrada ao nível dos governos centrais, pese embora algumas exceções com descentralização de competências para os governos regionais e locais. Neste sentido, observa-se que o formato de prestação de serviços ainda se encontra maioritariamente focado no nível hospitalar, que tem sido ao longo dos anos aquele que mais recursos, diferenciação técnica e complexidade tem dentro de todo o sistema e, mesmo de uma perspetiva social, o que melhor se identifica como central pela população. No entanto, através de várias iniciativas, notavelmente a Declaração de Alma-Ata em 1978, realizada em plena Guerra Fria e em Alma-Ata, na altura a República Socialista Soviética Cazaque, colocou pela primeira vez a centralidade e necessidade primordial dos sistemas em construir e investir nos cuidados de saúde primários, como a rede de serviços com capilaridade e capacidade para chegar a todos os cidadãos, sem deixar ninguém para trás[75]. Após mais de 30 anos, este objetivo ainda se encontra por realizar o seu total potencial por várias razões, em particular, a força política e social que os cuidados hospitalares têm, a dificuldade em formar e recrutar uma força de trabalho para os cuidados de saúde primários adequados, e até a definição conjunta de um quadro de referência para as funções e o financiamento dirigido a este nível. Apesar de nos países de alto rendimento já ser observada uma rede com uma cobertura geográfica bastante elevada do território, nos países de baixo e médio rendimentos continua a observar-se um hiato muito grande na implementação deste nível de cuidados, com consequência para a assegurar a cobertura universal de saúde. Por outro lado, e discutiremos em maior pormenor no capítulo seguinte, com o aumento da longevidade da população, a par do aumento da carga de doença e as consequentes necessidades de saúde e sociais, a continuidade de cuidados na população mais idosa é um novo e urgente desafio das sociedades que, ao mesmo tempo, já têm de enfrentar a escassez de recursos para a abordagem da doença aguda.

Em cima de um sistema que é cada vez mais reativo do que pró-ativo, a enorme carga de doença requer um investimento também urgente e quase inexistente na promoção da saúde e prevenção da doença, sobretudo através dos serviços de saúde pública que nem a pandemia foi capaz de modificar o rumo das alocações a este nível de cuidados populacionais. Assim, os modelos de organização dos serviços de saúde que sejam capazes de dar resposta aos desafios identificados, responder às necessidades de saúde das pessoas, prevenir o aparecimento da doença, que satisfaçam e protejam os seus profissionais e ainda sejam sustentáveis em termos económicos, sociais e ambientais requerem mudanças significativas na forma como prestam os seus cuidados e como são governados. A maior parte dos sistemas de saúde, como já referido, encontram-se divididos por blocos, altamente fragmentados e com dificuldades crónicas de comunicação entre profissionais, entre cidadãos e profissionais, e entre profissionais e gestores. A qualidade do acesso encontra-se tendencialmente a piorar com a elevada utilização das capacidades por aqueles com maiores necessidades, e levando a um aumento da população, sobretudo nos países de alto rendimento, a recorrer a um serviço privado para satisfazer as suas necessidades. De forma a alterar este *statu quo*, que parece mantido há demasiado tempo e, inclusivamente, com desvios negativos fruto das políticas implementadas desde a crise económica de 2008 e os efeitos da pandemia da covid-19, é necessário criar mecanismos de integração entre níveis de cuidados que apenas existem artificialmente e entre equipas, evitando a fragmentação interna e externa[94,100].

Em segundo lugar, os papéis de participação atribuídos aos cidadãos são essenciais de forma a assegurar responsabilidades partilhadas entre a garantia da qualidade e segurança dos serviços, e a correta utilização por parte dos cidadãos. Em terceiro lugar, e muito tem sido discutido atualmente, a capacidade de liderança dos gestores é essencial na criação de um ambiente laboral que seja proporcionador de segurança e perspetivas de carreira profissionais, sendo essencial garantir os mecanismos e instrumentos de avaliação e de formação adequados ao que é esperado por estes. Em quarto lugar, em plena transição digital global e em particular na saúde, é necessário colocar as ferramentas tecnológicas ao serviço das pessoas, profissionais e gestores e, desde a sua conceção inicial, garantir o desígnio de que irá promover a cooperação e integração entre os vários atores. Falhando neste ponto, algo que poderia ser uma alavanca importante para o futuro, pode se tornar num fator negativamente disruptivo, criando ainda mais fragmentação com todos os efeitos nefastos já discutidos previamente. Se ao nível da União Europeia tem existido uma linha de pensamento comum, a nível internacional parece ainda não existir uma relação e estratégia global neste sentido, com as grandes companhias tecnológicas mundiais a terem um poder desproporcionalmente elevado nas decisões futuras. Por fim, e de modo a garantir uma resposta sindémica tanto à carga de doença atual e sua prevenção, e às futuras ameaças de saúde pública, é preciso que a governação de saúde global vá além da situação em que se encontra, e apesar das lições que têm vindo a ser retiradas e de algumas melhorias observadas, em termos, nomeadamente, de maior financiamento e independência na alocação deste, ainda se observa um luta geopolítica e de soberania num campo tão sensível como a partilha de informação e ações de proteção de saúde das populações[89, 101, 102].

Assim, ao longo deste capítulo, tentamos analisar os sistemas de saúde à luz da sua evolução com o passar dos anos e como o seu desenho necessita de ser transformado para fazer face aos desafios atuais. Considerando a análise epistemológica, ética e legal do direito à saúde, previsto como um direito humano básico, e de acordo com a compreensão dos fatores determinantes que, atualmente, influenciam a saúde de uma pessoa e de uma população, o foco tendencialmente exclusivo na prestação de cuidados de saúde individuais não é nem será sustentável para os sistemas de saúde e, em particular, para os cidadãos e para uma maior equidade. Atualmente, ao observarmos a carga de doença em todo o mundo, fruto das transições epidemiológicas e demográficas que ocorrem a diferentes passos, e as ameaças de saúde pública que fazem perigar a saúde da população, a maneira de organização e financiamento dos serviços não é adequada. Os países de alto rendimento sofrem de escassez de recursos públicos, com grande fuga para o setor privado tanto de capital humano como financeiro, e os países de baixo e médio rendimentos encontram-se altamente dependentes dos financiamento e dadores externos, cuja verticalidade e limitação dos horizontes temporais não permite reforçar e sustentar as medidas nos seus próprios sistemas de saúde. Adicionalmente, a força de trabalho em saúde encontra-se mais sufocada do que nunca, não existindo soluções únicas ou simples para abordar esta escassez em número e qualidade, que já se encontra a comprometer a qualidade e efetividade dos serviços prestados. Os desafios que enfrentam são diferentes dependendo da área geográfica global, que vão desde a incapacidade de formação até à fixação nos sistemas de saúde, sendo as migrações internas e externas um desafio transversal a qualquer setor laboral, mas legítima em termos da procura de melhores condições de trabalho e de remuneração entre uma classe profissional altamente diferenciada e qualificada. Deste modo, o modelo de governação atual dos sistemas de saúde sofre com os mesmos problemas de base que regulam a sociedade no geral, centrando-se numa resposta reativa, sem capacidade de investir a médio e longo prazo, refém de ciclos governativos e é vulnerável aos interesses comerciais que moldam e influenciam a maneira como as necessidades são satisfeitas. Por fim, devido à insistência e dissonância cognitiva de um pensamento linear, que se baseia em relações causais simples e respostas imediatas, a organização societal começou a sentir o seu individualismo na forma de governar as instituições, associações e demais entidades da sociedade civil, incluindo os serviços prestadores de cuidados de saúde e todos os níveis governamentais. Esta polarização criou sistemas altamente fragmentados, com uma comunicação inexistente ou inefetiva e que apenas se centra nos seus interesses e valores, perdendo-se a capacidade de assumir responsabilidades partilhadas. A importância da cooperação, solidariedade e integração na abordagem da saúde em todas as políticas, que vai além dos cuidados individuais, incluindo os cuidados populacionais e os determinantes sociais, económicos, ambientais e comerciais, é o passo necessário a dar de forma a garantir um novo modelo de governação que promove a saúde e o bem-estar das pessoas tanto individualmente, como coletivamente, garantido a justiça social na conservação de um direito universal.

Capítulo 6
Os sistemas sociais

Os mais inteligentes são os incomodados com a perda de tempo.

— Dante Alighieri, em *A Divina Comédia*

Os valores de solidariedade, universalidade e respeito pela liberdade do próximo sempre estiverem presentes nos seres humanos desde que há registos da sua existência. No primeiro capítulo revisitamos como vários povos aplicaram ao longo da sua existência estes valores nas suas organizações sociais e, como nos dias de hoje, estes se aplicam, sendo que independentemente do país e dos grupos populacionais, eles ocorrem com maior ou menor intensidade. Parecem, realmente, estar presentes no código deontológico que rege as nossas emoções e razões, embora por vezes essa mesma matriz se possa desalinhar devido a inúmeros fatores externos que alteram as perceções humanas. Quando falamos de sistemas sociais, observa-se, assim, uma variação na sua interpretação, nas suas valências e no seu método de aplicação, de acordo com o contexto cultural e político em vigor. Verificou-se o mesmo fenómeno nos sistemas de saúde, que enquanto ramo do sistema social de um Estado, segue os mesmos princípios. Considerando o seu quadro conceptual, o enquadramento de aplicação de um sistema social tem por base as retribuições laborais, ou seja, os mecanismos de garantia e proteção dos direitos dos trabalhadores em qualquer setor de atividade profissional. A partir do modelo de governação que nos encontramos a escrutinar, não poderia deixar de ser o fator mais importante devido à orientação económico-financeira deste modelo, como já explorámos. Ao passo que um sistema é puramente dominado pelo Estado, enquanto desígnio central para assegurar a proteção social da sua população, observa-se novamente uma dificuldade crescente em o fazer com a efetividade esperada, pelos crescentes desafios além-fronteiras cujas externalidades, continuamente, absorvidas pelos cidadãos e pelo Estado, impedem a elaboração e implementação de políticas capazes de valorizar o total potencial. Em consequência, surgem, também, cada vez mais, movimentos que promovem recorrer a instrumentos de mercado livre, com base nos modelos neoliberais, de regular e controlar capitais financeiros de origem social, através de ações de mercado com potenciais catastróficos, como observamos quando os sistemas financeiros internacionais conseguem ser tão frágeis quanto os mecanismos inexistentes da sua regulação pelos Estados. Assim, os desafios das distribuições e fluxos financeiros tornam-se ainda mais penosos para os Estados e, em consequência, para os cidadãos que absorvem todas as externalidades e que se veem confrontados com a sustentabilidade, ou seja, a capacidade de assegurar que as gerações que estão a entrar no mercado de trabalho, têm acesso aos mesmos direitos quando quiserem sair desse mesmo mercado.

Dando um passo atrás, as estruturas populacionais são constituídas por pessoas que se encontram em diferentes ciclos de vida, correspondendo à evolução natural e biológica de qualquer ser vivo no planeta Terra. Deste modo, é importante recuperar que em todo o reino animal, os grupos populacionais que ocupam os extremos das idades são os mais vulneráveis pelas condições intrínsecas à sua condição física e cognitiva, que, em particular, são as crianças e os mais idosos. Os grupos populacionais intermédios são aqueles que estão mais capazes de captar e produzir os recursos necessários à sobrevivência da espécie, uma vez mais numa lógica de solidariedade intergeracional. No entanto, a partir do momento em que o ser humano começou a produzir excedentes materiais e a fomentar uma cultura dirigida à propriedade privada, levou ao crescimento de organizações sociais com base em sistemas económico-financeiros e, em consequência, a necessitar de estruturar os grupos populacionais por pontos de corte, baseados apenas na idade biológica[55]. Como dizia Agostinho da Silva, filósofo e poeta português, «ser velho é uma referência ao tempo de trabalho útil da pessoa. Quando se diz que alguma coisa está velha, seja gente, um pano, uma mesa, refere-se ao tempo de serviço que ela durou. Porque temos a mania, na nossa cultura, de que a vida foi feita para trabalhar ou prestar serviço e não que a vida se fez para se viver». Este excerto resume de forma muito adequada as consequências da aplicação da lógica laboral à organização dos estratos sociais, que não desfazendo a necessidade e até a importância de assegurar uma redistribuição de recursos, acabou por, ao longo dos anos, centrar-se no valor produtivo que cada ser humano pode ter. Com isto não se pretende dizer que o trabalho não é uma dimensão importante da vida, pelo contrário, a forma epistemológica em que este foi enquadrado é que tornou os seres humanos em não mais do que recursos necessários para manter uma linha de produção a funcionar. A aplicação de que «a vida se fez para viver» ao trabalho diário de qualquer cidadão acabou assim por se perder, com a maior parte da população apenas a fazê-lo para conseguir adquirir retornos financeiros, sem qualquer retribuição pessoal do mesmo. Além disso, considerando o modelo de pensamento linear fomentado pela governação atual, resulta num défice na atribuição do valor às retribuições financeiras que cada um faz na realização do trabalho, sendo, por isso, a economia informal uma cultura do escape aos sistemas retributivos e uma realidade transversal a todas as sociedades[6, 7].

Voltando ao ponto sobre a distribuição da vulnerabilidade nos extremos do ciclo de vida de qualquer ser humano, acrescenta-se aquelas pessoas que vivem com deficiência inata ou adquirida, sendo vulneráveis por razões além do fator idade e que, enquanto sociedade inclusiva, não devem ser esquecidos e, como tal, necessitam de ser integrados e protegidos. Por isso, tentaremos realizar a nossa discussão com uma lente social de aplicação de instrumentos financeiros ao serviço das pessoas, ao invés da discussão atual que é totalmente invertida, isto é, como a lente financeira se aplica aos instrumentos sociais. O resultado é a falta de apropriação dos modelos de sistemas sociais, a erosão dos princípios de solidariedade, nomeadamente politizados a nível partidário quando discutidos em termos éticos e com resultados nefastos para os que mais necessitam que, ao mesmo tempo, são aqueles com menos vozes de representação por se encontrarem no fundo do elevador social, já de si muito difícil de ascensão.

Outro desafio que está na génese da garantia da sustentabilidade dos sistemas sociais, está relacionado com as evoluções demográficas dos países, em particular os invernos demográficos em termos de natalidade em que a maior parte dos países ocidentais já se encontram. Apesar de, aparentemente um menor peso de despesas sociais com grupos jovens que não se encontram em idade ativa, o facto de não se garantir a renovação das gerações irá a médio e longo prazo traduzir-se numa inferior compensação de retribuições financeiras para um sistema que é solidário, numa aplicação vertical em termos de grupos etários. A maior parte dos países asiáticos que viveram numa explosão de natalidade começam, também, a estabilizar as suas pirâmides etárias, apesar de terem um folgo de população em idade ativa muito superior. Os países de baixo e médio rendimentos que ainda não foram capazes de realizar a total transição demográfica, especialmente, pelas condições de vida ainda longe do que são os padrões de qualidade adequados, apresentam uma elevada natalidade associada a uma elevada taxa de mortalidade infantil e uma esperança de vida à nascença ainda muito inferior aos países de alto rendimento. Do ponto de vista global, antecipa-se durante o século XXI uma estabilização do crescimento populacional que nos últimos 150 anos teve uma enorme aceleração, mas quando olhado individualmente por Estado, as variações demográficas irão criar enormes dificuldades na sustentabilidade dos sistemas sociais ainda que a diferentes ritmos. Por outro lado, a saída do mercado de trabalho, por direito legal à reforma, é ainda outro fator em grande discussão. Tal como vimos, estando este ponto de corte apenas centrado na idade, o direito à reforma, diga-se em termos de remunerações que devem ser asseguradas pelos sistemas sociais, cujas alterações a estes pontos de corte terão enormes impactos nas contas públicas dos Estados. No entanto, as modificações da longevidade da população, a capacidade física e mental das pessoas para continuar a exercer funções, que é atualmente muito maior fruto da tecnologia e capacidade de tratamento e abordagem às principais doenças, as motivações de manter atividades quotidianas vieram alterar as expectativas dos cidadãos na forma como interpretam o período correspondente à idade da reforma[27, 103]. Na realidade, este ponto está precisamente relacionado com o constructo social destes sistemas em torno apenas da produtividade, que tem as suas raízes na Revolução Industrial e que olha para os cidadãos, apenas, como elementos necessários à produção de bens e serviços. Nesse sentido, o modelo de governação do sistema social começa não só a ficar enviesado, como a não corresponder às necessidades das pessoas e a criar fricções em toda a sua linha. O facto de a abordagem ser exclusivamente em cada Estado, não permite também uma escala adaptativa à movimentação de pessoas além-fronteiras, incluindo cada vez mais pela migração de cidadãos em idade ativa que, do ponto de vista do Estado que recebe, terá menos implicações do que aquele que perde essa população em termos da contribuição financeira e da força de trabalho que acrescenta. Embora não seja possível dissociar a importância do mercado laboral para o funcionamento saudável de um sistema social, o que se argumenta é que o foco quase exclusivo nas repartições e contribuições económico-financeiras, não permite captar as dimensões de bem-estar individual e social associado a uma vida plena que atualmente tem motivações, expectativas e aspirações muito diferentes daquelas para os quais foram inicialmente construídos. Também aqui enfrenta-se um desafio geracional no modo de governação destes sistemas.

Olhando para as demais funções essenciais dos sistemas sociais, em termos de proteção social efetiva a todos os que dela necessitam, presenciamos também uma relação com o aumento das necessidades, fruto do aumento das desigualdades sociais em todo o mundo. O mesmo modelo económico global, que origina o formato das retribuições financeiras para os sistemas de segurança social, está continuamente a criar desigualdades sociais cujos efeitos estão a aumentar a pressão junto destes sistemas que, ao mesmo tempo, têm cada vez menos recursos para satisfazer. Trata-se, também aqui, de um modelo perverso e insustentável que necessita de urgente modificação. Aliás, temos vindo a verificar ao longo deste livro, que grande parte das discussões em torno dos desafios atuais iniciam-se de uma forma já enviesada, sendo que, ontologicamente, deverá ser necessário repensar sobre o que estamos a planear e quais são as premissas assumidas que atualmente já não se enquadram nas expectativas das populações[5]. Destaca-se, desde já, as tentativas atuais em aplicar modelos de mercado ao funcionamento dos sistemas de segurança social, ou seja, partindo de perspetivas neoliberais, aquelas que levaram ao problema descrito em termos de enormes desproporcionalidades nas retribuições financeiras, sem qualquer sentido ético e moral pelos cidadãos e apresentam soluções de utilizar os métodos de mercado livre para a gestão dos recursos financeiros dos sistemas sociais. Ora, de uma perspetiva de cidadão, por mais retórica e habitual de que os benefícios de multiplicar os recursos existentes, compensam os riscos associados aos mercados globais altamente desregulados e à mercê de um sistema financeiro internacional que apenas serve uma ínfima parte da população. Compreendido como uma forma de aposta, mas neste caso com as poupanças de milhões de pessoas poderiam, ainda, aprofundar mais a insustentabilidade de todo o sistema. Do ponto de vista técnico, parece ser mais uma proposta de políticas desvirtuadas cujo risco de mercados privados aplicados a dinheiros públicos, iria apenas permitir a injeção de capital para maior facilidade e capacidade das grandes corporações poderem ter acesso e expandir os seus próprios negócios e interesses comerciais transnacionais, sem quaisquer considerações das dimensões de bem-estar e sociais, que referíamos anteriormente. Assim, o que se observa atualmente e vimos isso nos sistemas de saúde, também é uma contínua apropriação privada de todos os setores da sociedade, sob os argumentos de que os Estados perderam a capacidade de conseguir fazer governar os recursos e alocá-los de acordo com as necessidades da população. Se, por um lado, tal possa ser verdade em termos dos instrumentos atualmente disponíveis, também, por outro, se deve à permeabilidade que os próprios Estados e, enfim, os cidadãos permitiram que os ventos de apropriação do setor privado ganhassem força em toda a sua linha da governação e bem-estar das populações.

Naturalmente, não seria possível fugir à missão da proteção laboral como uma das bases dos sistemas sociais dos vários Estados, que para além de garantir as devidas retribuições numa lógica de solidariedade, deve assegurar aqueles que se encontram no mercado de trabalho, porque tanto com emprego como desemprego estão devidamente protegidos e cumprem também os seus deveres. Os vários círculos viciosos que temos vindo a descrever até então repercutem-se, também, em última instância na forma como diariamente a prática laboral é efetuada, e é mais um exemplo em como o ponto de partida da discussão política, desde o nível internacional na Organização Mundial do Trabalho e da União Europeia, passando pelos parlamentos nacionais até às assembleias municipais, é discutido e abordado, nomeadamente numa lógica bipartidária, em prol da defesa de um modelo baseado na função pública ou em prol dos empregadores e das empresas. As discussões simples e diretas que levam às tomadas de decisão, são potencialmente danosas e acabam por não servir os interesses partilhados pelas várias partes, com cada vez mais tendência de favorecer certos grupos em detrimento de outros. Ou seja, e como já abordamos anteriormente, do ponto de vista epistemológico, a combinação dos princípios de solidariedade coletiva com a liberdade individual parece ser uma realidade impossível de implementação e de incompreensível adaptação, pese embora os inúmeros exemplos de funcionamento de organizações sociais na história da vida humana[5, 55].

Assim, há uma tendência para manter separado os empregadores e os empregados em termos das políticas laborais que são implementadas, embora as inúmeras evidências em torno dos benefícios mútuos quando as medidas implementadas são proativas para ambos os grupos, transformando perspetivas de custo em investimento numa força de trabalho saudável e de qualidade. A pandemia da covid-19 veio impulsionar dois métodos de organização laboral que até, então, eram continuamente evitados ou parcialmente implementados: o método de teletrabalho e a redução dos períodos de trabalho semanal[46]. A evolução tecnológica veio liberalizar o acesso a ferramentas digitais que permitem, para alguns setores de atividade, que parte do trabalho seja realizado à distância sem uma necessidade de presença física a tempo inteiro, assim como a gestão do tempo ganhou destaque com uma sociedade jovem que cada vez mais privilegia uma agenda social e familiar conciliável com a agenda de trabalho. Do ponto de vista teórico, tais medidas são importantes, mas ainda existem inúmeras barreiras sociais e culturais na compreensão destes métodos como vantajosos para todas as partes, sobretudo na manutenção de uma cultura do setor privado paternalista e no setor público laxista. Se tivermos em consideração países em que a maior parte do trabalho é feito com recurso a uma economia informal, todos os mecanismos de proteção social são inexistentes, expondo os próprios trabalhadores à maior precariedade possível dos empregadores, enquanto também se perde o valor solidário das atribuições financeiras que cada um deve ter ao longo da vida. No entanto, na realidade e com o peso que as empresas transnacionais ocupam no mercado internacional, é frequente que parte dos bens e serviços obtidos por uma empresa que, em última instância, opera diretamente sob jurisdição com um sistema social instituído, acabam por prover de um outro Estado em que tal não se verifica. Uma vez mais, a totalidade das externalidades produzidas acabam por ser absorvidas pelos próprios trabalhadores ou por terceiros não diretamente ligados ao mesmo bem e serviço produzido, um exemplo muito comum nas consequências climáticas entre os setores produtores de gases com efeito de estufa. Voltando a focar nos métodos laborais que emergiram com a pandemia da covid-19, o que está na génese parece ser uma mudança de paradigma na interpretação e transformação das relações laborais e sociais, no sentido mais alargado, o que se traduz numa luz de esperança para um modelo de governação social com melhor bem-estar para toda a população ativa. No entanto, os desafios são hercúleos sobretudo pela ascensão de poderes políticos populistas em todo o mundo que recorrem a exemplos únicos para generalizar padrões que, habitualmente, não são transversais à sociedade. Neste caso em particular destaca-se a regulação no acesso e manutenção no mercado de trabalho que atualmente não serve nem satisfaz a maior parte das pessoas, não por falta de vontade, mas antes por estas serem sobre qualificadas, terem acesso a um tipo de informação por via das ligações tecnológicas e por compreenderem melhor o mundo e as realidades que nele existem, sentindo um desfasamento entre os trabalhadores, os decisores e os empregadores, principalmente na fundamentação das decisões e na desproporcionalidade da distribuição dos rendimentos. Adicionalmente, e considerando o referido inverno demográfico que se observa, uma outra prioridade em prol de menores desigualdades sociais é precisamente a igualdade de género, um constructo muito grave criado por um conjunto de defensores paternalistas que perpetuaram a sua visão ao longo de muitos séculos. Se tivermos em consideração as religiões, talvez os movimentos não governamentais que há mais tempo existem e mais influência têm nas decisões de organização social atual, sempre tenderam em seguir uma retórica de secundarização do papel da mulher nas sociedades, reservando-o apenas para os cuidados básicos da família e dos ambientes em que esta se encontra. Apesar dos movimentos sociais que decorrem em todo o mundo no século XXI, as diferenças em termos salariais e de representação sejam nos mais altos cargos políticos, como nos conselhos de administração das empresas são, ainda, muito visíveis e teimam em ser alterados[3, 25, 104].

Por outro lado, voltando às reflexões das tendências demográficas observadas em vários países de alto rendimento, parte do decréscimo da natalidade existe também pelos desafios que a mulher encontra na sua vida, principalmente durante o seu período fértil[27]. Não é incomum existirem descrições de descriminação no momento de contratação das mulheres em idade fértil, mesmo quando os seus planos não incluem engravidar pelas várias razões a que naturalmente qualquer mulher tem direito. Em sociedades baseadas no conhecimento que hoje se encontra disponível, esta desigualdade é das maiores atrocidades ao desenvolvimento sustentável e os modelos de governação atuais são permeáveis a este *statu quo*, que por mais políticas de igualdade que sejam implementadas, mantêm uma forte oposição pelos grandes defensores do paternalismo. Além dos movimentos pelos direitos das mulheres iranianas, como já referimos e as privações a que estão expostas em vários países do Médio Oriente, por exemplo, os quais baseiam a sua governação nas culturas religiosas muçulmanas, impedem acessos tão básicos como a escolaridade ou a prática desportiva. Mesmo em países ocidentais em que parecia já estar garantido um avanço civilizacional, pelo menos, em termos de princípios e valores, continuamos a assistir a retrocessos sociais com implicações profundas na forma como os sistemas sociais funcionam[104, 105]. Como exemplo, destaca-se a política de acesso ao aborto implementado por via judicial nos Estados Unidos da América, revertendo um direito básico de acesso a todas as mulheres, ao aborto em contexto de cuidados de saúde, independentemente do local onde estas se encontram, com segurança para as mesmas, dando lugar à interpretação de cada Estado na aplicação da lei, abrindo, desde logo, a possibilidade de o tornar ilegal, comprometendo esse direito individual. Este torna-se um dos grandes exemplos mais recentes em como as culturas do patriarcado ainda se encontram bem presentes nas sociedades atuais, podendo ser uma das principais causas para o receio do empoderamento da mulher na sociedade, que está por detrás destas decisões realizadas por homens. Também aqui, é precisamente o potencial de alteração do *statu quo* que leva os mais poderosos a priorizarem os seus interesses em contrapartida com os interesses do coletivo.

Olhando em particular para as políticas da natalidade que os sistemas sociais podem adotar, há ainda um grande hiato na adoção e aceitação das mesmas. Tal como referimos, o facto de um sistema social estar construído numa base económico-financeira, faz com que a produtividade de bens e serviços e, consequentemente, a compreensão do ser humano como um valor capital para atingir essa produtividade, coloque em segundo plano quaisquer considerações sobre o seu bem-estar individual e as mais valias para a coletividade, em geral. Assim, à medida que grande parte dos países de alto rendimento evoluíram na concessão de direitos básicos como licenças de maternidade, incluindo parentais, com diferentes graus de duração consoante os riscos associados à própria gravidez e a possibilidade de ajustes de horário em alturas importantes tanto para a mulher como para os descendentes, criou, sobretudo, desafios a montante. Assim, em média, um empregador para as mesmas funções e competências que possam ser exercidas por ambos os géneros, tenderá a preferir o homem à mulher sob pena de ter de abdicar da sua função para efeitos legítimos de maternidade. Apesar do homem poder também exercer esse direito, a cultura do patriarcado continua a fazer com que este não goze ou diminua o período de gozo desse direito, de modo a não perder o trabalho ou a sua compensação. Por outro lado, em termos de progressão na carreira profissional, observa-se, também, um viés muito grande pelo duplo peso que a mulher acaba por ter de enfrentar, uma vez que saberá que ao longo do seu período fértil que corresponde, também, ao período de início e entrada no mercado de trabalho, associa-se a maior dificuldade em conseguir o seu emprego que lhe atribua as mesmas oportunidades que ao homem, assim como também, enfrentam uma maior probabilidade de ser concedido menores recursos financeiros pelo mesmo trabalho realizado. A justiça social do próprio sistema já não depende só das políticas definidas, mas da capacidade de mudança cultural em torno destes desafios e, como tal referido, muitos outros países, nomeadamente de baixo e médio rendimentos, encontram-se ainda mais fragilizados e com menores proteções concedidas aos direitos da mulher. Em última instância, estamos perante mais um exemplo de radicalização do pensamento político-partidário, focado ou apenas na linearidade e extensão exaustiva da liberdade individual ou na luta reacionária da coletividade, sem noção do indivíduo[5]. Ou seja, os empregadores mesmo que subconscientemente tomem tal posição, e decisão baseado no seu interesse individual de produção, não têm noção da imagem mais alargada, no espaço e no tempo, da importância que a natalidade tem para o crescimento e sustentabilidade social e económica. Assim, entre os vários exemplos já demonstrados, os sistemas sociais estão, também, em risco e têm enormes dificuldades em fazer cumprir a sua missão com sucesso. Iremos agora olhar com mais atenção para o final do ciclo de vida.

Um dos grandes desígnios de qualquer sistema social, seja ele de forma implícita ou explícita, mesmo nos países de baixo e médio rendimentos, os sistemas sociais são muito frágeis tanto pelo peso da economia informal, que não permite criar sustentabilidade nos sistemas de segurança social, como pela menor esperança de vida, o que diminui o capital humano presente em idades mais avançadas com um elevado número de anos vividos fora do mercado de trabalho, nomeadamente por reforma. O desafio que os países de alto rendimento enfrentam é de natureza contrária, sendo que do ponto de vista económico coloca-se a tónica na forma como os sistemas sociais terão capacidade de assegurar as retribuições e pensões no futuro à sociedade cada vez menor em dimensão e em competição por população em idade ativa. Esta contrariedade traduz-se em políticas de aumento da idade em que se torna possível sair do mercado de trabalho e, por outro lado, ainda mais grave, através da incapacidade de conseguir atualizar as pensões que são atribuídas às pessoas reformadas, à medida que as flutuações internacionais dos sistemas financeiros aplicam aumento de custos de vida, condicionando os recursos disponíveis a uma população que tem um conjunto de despesas e que cada vez mais se centram, apenas, nas necessidades básicas. Como exemplo, pensando na carga de doença atual a que as populações estão expostas, aumentando esta consideravelmente com a idade, também se traduz num peso financeiro em termos de consumo de medicamentos e de serviços de saúde que, apesar das comparticipações públicas, traduz-se em termos absolutos numa despesa corrente[65, 83]. Nesta reflexão, o envelhecimento ativo enquanto fenómeno promotor de bem-estar para qualquer pessoa em idade avançada em conseguir manter as suas atividades de vida diárias e poder aceder a um conjunto de oportunidades, bens e serviços além da satisfação das suas necessidades mais básicas, como promoção da saúde física e mental, encontra-se ainda longe do desejável, enfrentando os sistemas sociais e respetivos desafios em conseguir providenciar esses recursos. Uma vez mais, são aqueles com maior privação socioeconómica que se encontram mais expostos a estas condições e que, perante a crescente vulnerabilidade associada à idade, aumentam o risco de acumular um conjunto de adversidades que tornam o círculo vicioso muito mais intenso e difícil de reverter[14, 79].

Propositadamente, ainda não discutimos a satisfação das necessidades sociais propriamente ditas e, antes de lá chegar, comecemos pelo enquadramento habitacional. Já discutimos em capítulos anteriores tanto o papel que a propriedade privada assumiu nas organizações sociais, como atualmente o preço e acesso à habitação encontra-se amplamente prejudicados. Enquadrando estes desafios em termos das necessidades sociais das pessoas idosas, o que se tem observado além da remoção das habitações ou despejo para efeitos comerciais às pessoas nestes grupos etários, que residem nos grandes centros urbanos, são os fenómenos de desertificação rurais que levaram-nas a viver, cada vez mais, isoladas das comunidades que outrora formavam as vilas, aldeias e cidades as quais deixaram de ser uma preferência ou uma escolha viável para as gerações descendentes. O direito à habitação, no sentido restrito da palavra enquanto à estrutura física propriamente dita, manteve-se, mas na lógica do bem-estar social tem-se vindo a perder, nomeadamente nas zonas rurais dos países de alto rendimento. O sentido de comunidade baseado em redes comunitárias de colaboração e solidariedade, deram origem à estranheza e à solidão, paradoxalmente, em situações de aumento de densidade populacional, notavelmente em contexto urbano[67]. O acesso da população idosa a um conjunto de bens materiais e imateriais tornou-se bastante limitado, seja de natureza intrínseca à vulnerabilidade desta população, seja ao distanciamento geográfico de tais bens. Transpondo para exemplos concretos com impacto na vida das pessoas, devido à longevidade e aos riscos cumulativos em termos de desenvolvimento de doença, como um tumor maligno[106]. Apesar do desenvolvimento tecnológico de produtos de saúde, que permitem em grande parte dos diagnósticos de tumores malignos melhorar consideravelmente o prognóstico e até reverter quase totalmente a doença, o acesso continuado e as condições em que este está disponível ao tratamento, como quimioterapia e radioterapia, requer um conjunto de mudanças e recursos na vida das pessoas que, para populações mais idosas que residem em zonas rurais, se traduzem em barreiras significativas na manutenção da qualidade de vida. Em particular, destaca-se o acesso a transporte e o conforto de o fazer nos horários mais indicados que, numa situação tão vulnerável como esta, deveriam ser muito mais personalizados. Por outro lado, outra consequência da atual longevidade é a necessidade dos cuidados paliativos para pessoas com multimorbilidade que limitam as suas atividades diárias, ao ponto de se tornarem praticamente dependentes de outrem para as realizar. No intuito dos próprios e das famílias em manter-se nas suas próprias habitações, enquadrado no direito à habitação de uma perspetiva social e emocional, além da noção infraestrutural, representa mais um desafio para os sistemas sociais em garantir tal dignidade no final da vida das pessoas. Este processo de envelhecimento ativo encontra-se, assim, ameaçado com grande parte das pessoas idosas, sobretudo aquelas em maior privação socioeconómica, que por sua vez, também são as que têm maior probabilidade de ter um peso de vulnerabilidade superior.

Neste contexto surgem, então, as necessidades sociais e a determinação das respostas disponíveis pelos sistemas sociais, por forma a garantir a equidade neste acesso, naturalmente escalonando estas respostas de acordo com as prioridades da sua intensidade, pese embora eticamente seja sempre uma falha social quando pessoas com alguma dependência para as atividades diárias não tenham acesso a tais cuidados. Naturalmente, com o aumento da idade, as intercorrências são superiores e as necessidades sociais, diga-se todas aquelas necessidades básicas de higiene e alimentação quotidianas, podem de forma temporária ou permanente existirem e requererem o apoio de terceiros. Do ponto de vista da discussão central deste livro, e da base de um modelo de governação atual que privilegia mais o indivíduo do que o valor coletivo, têm sido altamente visíveis as consequências para as populações idosas. Se por um lado, a tal rede de suporte que surgia do valor comunitário tem vindo a desaparecer e, consequentemente, os atos de solidariedade também, por outro, ao colocar o peso quase total na prestação de serviços externos num sistema fragilizado e com falta de recursos para o aumento exponencial das necessidades, apenas irá fazer com que mais pessoas continuem a viver em condições que não se consideram dignas nem justas, sob uma perspetiva do seu contributo social ao longo de uma vida e no final desta.

A pandemia da covid-19 agravou ainda mais este problema, transversal a todos os países de alto rendimento, criando a par da emergência de saúde, uma emergência social com os impactos a serem observados desproporcionalmente na população idosa e, entre esta, naqueles com maiores dificuldades socioeconómicas e a viver em estabelecimentos sociais[79, 107]. Na realidade, além dos impactos diretos da própria doença, os impactos indiretos fruto da incapacidade de satisfazer as necessidades sociais diárias, estarão ainda por quantificar e poderão ter sido muito superiores. Salientando em particular nos estabelecimentos residenciais de acolhimento de pessoas idosas, conhecidos como lares de idosos, observou-se um profundo problema em termos da qualidade em que estes serviços são prestados e, mesmo após todos os impactos observados, continua-se sem conseguir priorizar intervenções dignas em tais estruturas. A dificuldade financeira dos próprios e das suas famílias obriga à aceitação de um conjunto de serviços, cujas garantias de segurança e qualidade ficam muito aquém do que seria digno, numa sociedade que deveria priorizar o envelhecimento ativo. Naturalmente, há sempre bons exemplos e boas práticas que devem ser preservadas e partilhadas, mas grande parte destes serviços continuam a não ser capazes de promover a saúde e bem-estar destas populações e apenas basear as suas intervenções em termos de sobrevivência dos seus residentes. À medida que cada vez mais pessoas têm estas necessidades, os sistemas sociais atuais não estão a conseguir dar uma resposta com base no modelo que, inclusivamente do ponto de vista financeiro, foi desenhado sem ter em consideração uma redistribuição de recursos adequado às necessidades ao longo da vida. Por fim, o peso destes cuidados tem também cada vez mais sido transferido para as próprias famílias, através do que ficou conhecido como cuidador informal. A incapacidade financeira das famílias para alocar recursos a prestadores externos, a par da insuficiência de vagas em estruturas sociais, está em consequência a aumentar o peso sobre estes cuidadores. Os impactos destes efeitos são nefastos, uma vez que faz com que as próprias famílias passem a alocar parte do seu tempo à satisfação das necessidades dos seus familiares, com repercussões nas suas próprias vidas. De um ponto de vista individual, existe uma obrigação moral e ética em apoiar a família, mas com maiores probabilidades de ter dificuldades em satisfazer as suas próprias necessidades num curto e médio prazo, enquanto do ponto de vista coletivo traduz-se também numa menor produtividade, alimentando uma vez mais um círculo vicioso e um defeito estrutural no sistema social na forma em como este foi montado e é atualmente governado.

Ao longo deste capítulo procuramos compreender de que forma os sistemas sociais definidos pelo Estado no cumprimento de um dos principais desígnios, parece estar consideravelmente fragilizado e insustentável a par do ritmo de crescimento das necessidades sociais das populações. Partindo epistemologicamente de um ponto de construção do seu modelo de governação, focado nos fatores económico-financeiros, enviesou à partida as perspetivas de solidariedade que deveriam nortear a forma como o sistema é definido e as políticas que nele são elaboradas e implementadas. A economia informal, o envelhecimento da população, a diminuição dos rendimentos da população ativa e a desproporcionalidade das redistribuições financeiras são barreiras atualmente existentes à garantia da segurança e qualidade dos sistemas sociais. Por sua vez, as soluções político-partidárias centradas no neoliberalismo parecem, ainda, contribuir mais para o risco da insustentabilidade destes sistemas a curto e médio prazo, com consequências nas políticas laborais e na consciência de que o modelo de governação atual deve ir muito mais além da compreensão do bem-estar não apenas como produtividade, em que os seres humanos são apenas números para criação de bens e serviços, mas com critérios de qualidade individual e social. A evolução demográfica, a renovação das gerações e a preservação da natalidade com segurança, a importância da igualdade de género e a capacidade em manter uma vida digna e de qualidade na última fase do ciclo de vida são objetivos urgentes, que requerem estratégias já disponíveis, mas ainda sem vontade governativa e consciência social para as implementar. Entre todos os sistemas que compõem a vida dos seres humanos, perante o enquadramento ontológico e de pensamento atual, os sistemas sociais serão aqueles que terão evoluído de forma mais danosa para o bem-estar das organizações sociais e dos Estados e, tal como temos vindo a discutir, é muito provável que nestas mudanças seja necessário ir além-fronteiras e reconsiderar os princípios de soberania num campo tão sensível a todas as etapas do ciclo de vida.

Capítulo 7
As perceções climáticas

Não existe plano B, porque não existe planeta B.

— Ban Ki-moon, ex-secretário-geral das Nações Unidas

Apesar de todos os desafios atuais e futuros enunciados, o *hot topic* do século XXI (e não é para menos) é a emergência climática que o mundo enfrenta, dado qualquer esforço da melhoria do sistema de governação social poder ser em vão, caso a saúde planetária não esteja assegurada. Encontramo-nos no ponto de viragem em termos das alterações climáticas, atingindo uma fase sem retorno, caso medidas agressivas e decisivas não sejam tomadas na proteção do ambiente, que sustenta a vida no planeta Terra tal como a conhecemos. Os fenómenos homeostáticos há milhares de anos atingiram uma capacidade de equilíbrio, permitindo todos os elementos vivos e inanimados poderem viver em coexistência numa relação de simbiose quase perfeita. A referência ao quase, aqui, sugere os fenómenos de transformação que são parte, também, da natureza, uma vez que «nada se cria, nada se perde, tudo se transforma», citado por Antoine-Laurent de Lavoisier.

No entanto, desde o início do período antropogénico, classificado de um ponto de vista ambiental, em que o ser humano começou a ter um impacto direto e significativo nos processos climáticos e naturais, tem vindo a acelerar a degradação a um ritmo muito mais elevado do que quaisquer reparações e adaptações temporais[5]. Assim, toda a civilização humana enfrenta um desafio montanhoso, cujas repercussões, independentemente do modelo matemático que seja utilizado, poderão ser de magnitudes tão disruptivas que nos torna incapazes de olhar para a história. Esta realidade, contudo, entrou nos últimos anos na vida e nas casas de todas pessoas seja por consequência direta seja por informação social, com múltiplas manifestações, conferências, entrevistas e demais eventos, que têm tentado consciencializar toda a população para as mudanças necessárias de forma a tentar reverter o que, ainda, é possível. Cheias, furacões, vagas de calor intensas, nevões em locais onde não nevava, secas extremas em locais onde os rios corriam em grande volume, chuvas de grande intensidade e concentradas no tempo, entre muitos outros fenómenos, começam a ser, quase diariamente, reportados de vários pontos do mundo. A intensidade e frequência dos eventos têm sido amplamente reportados como anómalos, cujos efeitos na vida das pessoas são desastrosos, sobretudo para os grupos populacionais em maiores privações socioeconómicas e olhando para o reino animal e das plantas, ainda se acrescentam os fenómenos de extinção de espécies em massa, com alterações profundas na biodiversidade e disrupções nas cadeias alimentares. No entanto, continua a ser, simultaneamente, difícil percecionar a cada indivíduo como é que a sua vivência está a impactar o ambiente que o rodeia, quanto mais o que acontece a milhares de quilómetros de distância. Ou continua a recorrer ao seu automóvel para se deslocar ao seu local de trabalho ou, então, a utilizar diariamente uma série de produtos que contêm plástico, não sendo possível realizar qualquer reciclagem por falta de acesso a este processo na sua própria casa ou na comunidade onde vive. Por outro lado, continua a aparecer, por mais alterações que os seres humanos façam na sua vida, um conjunto de empresas produtores de gases de efeito de estufa que alimentam uma disrupção ambiental à escala global, que nenhum ser humano, individualmente, conseguiria modificar na sua vida toda[5, 7, 49].

Assim, como ficam as perceções das pessoas?

Que fatores de causalidade conseguem estas identificar entre os vários fatores e as consequências climáticas que observam?

E, se observamos, além dos efeitos agudos provocados pelos desastres ambientais, em que medida se perceciona que a qualidade do ar está tão alterada, cujos riscos acumulados ao longo de anos expostos a uma série de agentes carcinogénicos, resultam em diagnósticos de tumores malignos de natureza respiratória?

Quem deverá assumir as responsabilidades? Mas acima de tudo, porque se torna tão difícil implementar soluções à escala global?

Ao longo deste livro temos vindo a fazer pontes com a emergência climática e explorando alguns dos fatores e atores com maior importância neste campo, sendo que tudo parece relacionar-se com o modelo de governação global em vigor, que ao nível internacional entrega apenas à boa vontade da soberania dos Estados e à liberdade regulatória das entidades transnacionais a capacidade de modificar o trajeto negativo em que nos encontramos[52, 108]. Começando pelo futuro.

O mundo climaticamente sustentável em 2050 é aquele que funciona com base numa lógica de economia circular, consciência social coletiva da importância da preservação do ambiente que nos rodeia e que recorre às ferramentas digitais na implementação de modelos de governação que são protetores do bem-estar das pessoas e do planeta Terra. A população há vários anos conseguiu evitar que a temperatura média global subisse acima de valores irreversíveis, através de várias ações lideradas pelas Nações Unidas e pelo compromisso e pacto global assumido por todos os atores públicos e privados, deixando os interesses individuais e corporativos e conseguindo, desta feita, uma transição verde em toda a linha da vida das pessoas.

Esta seria a descrição que gostaríamos de fazer em 2050, mas, atualmente, tudo indica que tal não será possível e, sem entrar em fenómenos apolíticos, poderemos ter um mundo bem diferente daquele que observamos. A discussão das alterações climáticas, tal como todos os fatores que atualmente consideramos socialmente nocivos para a vida das pessoas, começou por ser altamente descredibilizada, através de estratégias que questionavam o raciocínio e o método científico que ia crescendo e produzindo evidência, primeiro descritiva, da evolução de vários indicadores e monitorização dos fenómenos climáticos e, posteriormente, procurando explicações e relações causais para as descrições realizadas. Finalmente, volvidos algumas dezenas de anos, existe atualmente uma consciência coletiva não só nos riscos que enfrentamos, como dos principais elementos causadores destes riscos e, acima de tudo, da incapacidade e inércia que existem em alterar o trajeto e o ritmo que está a sustentar a atual emergência climática. Embora já tenhamos discutido anteriormente, as discrepâncias que existem entre os países produtores de petróleo, as empresas petrolíferas e a manutenção de minas de carvão em vários países, independentemente dos seus níveis de rendimento, torna-se relevante aprofundar essa discussão de forma a tentar compreender a génese, bem como quaisquer soluções em como o mundo está desenhado e, intrinsecamente, influenciado a vários níveis e setores. Obviamente que se torna um processo altamente complexo que requer, sobretudo, coragem e liderança para virar a página em prol de um futuro melhor para todos, em particular, para as futuras gerações[35, 108].

Se considerarmos os vários pactos internacionais que têm sido assinados desde o início deste século, em particular o Acordo de Paris e os resultados das Conferências das Partes (COP — *Conferencies of the Parties*), assim como iniciativas de transição verde, como a missão prioritária da Comissão de Von der Leyen na União Europeia, os objetivos traçados e as respetivas estratégias acordadas parecem demasiado ambiciosos, mas, ainda assim, inferem algumas ressalvas em termos da irrealidade na sua implementação. Ao considerar a finalidade da neutralidade carbónica, em que grande parte do excedente são gases de estufa atualmente produzidos, os respetivos condicionalismos teriam, de um momento para o outro, ser profundamente alterados e, inclusivamente do ponto de vista energético, com enormes limitações e potenciais consequências para a própria sobrevivência da espécie humana. Com isto, não se pretende dizer que é impossível, de todo, mas à escala de oito mil milhões de seres humanos residentes, em que grande parte, ainda, carece de acesso a água potável e vive em condições de subnutrição à escala e ritmos atuais de produção de bens essenciais, as limitações estruturais e de engenharia à implementação de soluções totalmente neutras, do ponto de vista carbónico, que incluíssem dietas totalmente vegetarianas, não seriam viáveis para alimentar a população mundial[7, 109]. Tal se deve, também, à consideração e distribuição de quais os produtos que mais contribuem para a produção de gases com efeitos de estufa. Felizmente, a ciência climática conseguiu evoluir a um ritmo que permite uma caracterização detalhada destes fenómenos. Por exemplo, o consumo de um tomate desde que é produzido até ao prato do consumidor final pode ter um custo energético médio, a partir do consumo de combustíveis fósseis, equivalente a um copo de água cheio de *diesel*[7]. Em paralelo, a transição em termos alimentares, também acarreta custos energéticos que não são totalmente neutros, isso se relaciona com as mudanças em toda a linha de abastecimento que será necessário realizar. Por outro lado, as soluções apresentadas dos veículos motorizados para veículos elétricos, com recursos a modelos de baterias, continuam a ser duplamente prejudiciais para o ambiente, apesar de serem defendidos como os modelos mais sustentáveis. Veja-se, por exemplo, a necessidade dos materiais necessários para construir as partes de um automóvel, ainda que totalmente movido a baterias, incluindo os pneus e o desgaste contínuo, a necessidade de manutenção de estradas construídas com recurso a alcatrão, as matérias-primas que constituem uma própria bateria, assim como os efeitos indiretos em termos de tráfego e de circulação rodoviária, para além do aumento do número de veículos na estrada.

A economia global como se encontra atualmente desenhada e partindo dos exemplos dos capítulos anteriores, em termos das cadeias de abastecimento à escala mundial, os custos de transição para mecanismos, ambientalmente, sustentáveis, requer um investimento à escala humanitária. Adicionalmente, as sinergias e benefícios para os desenvolvimentos sociais e económicos projetados seriam consideravelmente vantajosos, ao elevar as condições de vida dos vários milhares de milhões que vivem atualmente em precariedade, sendo também estes, muitas vezes, os mais expostos a riscos provocados pela falta de qualidade do ar como mais vulneráveis, após a exposição efetiva a eventos climáticos catastróficos. Os fenómenos de migração em massa, além das instabilidades geopolíticas e militares, surgem das alterações do clima e do solo que impedem que as populações tenham acesso aos bens alimentares e de água que necessitam para sobreviver[76, 108]. A interligação dos fenómenos planetários com todos os aspetos da vida dos seres humanos é um processo natural e cuja dissociação ou abordagens por silos não terá capacidade de provocar as mudanças necessárias. No entanto, continuamos a observar uma rigidez e inflexibilidade de adaptação e implementação das políticas necessárias, com os vários governos a optar continuamente por estratégias de curto prazo e cujas soluções, apenas, permitem colocar pensos em hemorragias de golpes profundos, não sendo capazes de estancar um sistema de coagulação desgastado e a escassear. De todos os desafios associados à soberania dos Estados e perante a ausência de um governo global, a alteração dos fenómenos climáticos, em que a legitimidade e responsabilidades partilhadas se diluem entre os seus vários atores, desde os países aos diversos atores com influência global, torna este espaço vazio de soluções. Podemos ser confrontados nos órgãos de comunicação social com a dificuldade dos ursos polares em terem acesso à alimentação ou à desagregação de glaciares a uma escala não antes observada, assim como, às áreas ardidas na floresta da Amazónia que correspondem a hectares medidos em campos de futebol. Mas no final a quem poderá ser atribuída tal responsabilidade?

Esse é o desafio que a soberania apresenta em termos da legitimidade para intervenção e contra-ação, apesar dos vários movimentos sociais que têm surgido em força na luta por um futuro melhor.

Falamos neste capítulo no que é a perceção das pessoas acerca das alterações climáticas, a realidade é que a população mais jovem encontra-se numa crescente contestação e ativismo contra a necessidade de mudança, apesar de faltar uma peça relevante que tem sido tentada encaixar com a maior urgência. Essa peça do *puzzle* corresponde ao conhecimento técnico-científico, que reflete como a mudança na abordagem da emergência climática irá proporcionar maior retorno e maior capacidade no cumprimento dos objetivos de desenvolvimento sustentável, sem colocar em causa outras necessidades básicas da população. Este fator é, também, muito evidente atualmente a nível académico com enormes recursos financeiros a serem alocados, especificamente, em áreas dirigidas à investigação de soluções urgentes, que possam dar resposta à utilização de energia alternativa aos combustíveis fósseis, assim, como práticas de agricultura que possam ser mais sustentáveis. No entanto, as contínuas disrupções das cadeias de abastecimento de energia, a reabertura de minas extratoras de carvão e a negativa opinião pública sobre a utilização de energia produzida em fontes nucleares, têm sido retrocessos ou condicionantes importantes na procura de alternativas. Como referimos anteriormente, a substituição da utilização de combustíveis fósseis, que neste momento está sempre presente em quase tudo que utilizamos no dia a dia, requer contrariar dos maiores operadores económicos do mundo, cujas influências governamentais são tão intensas, atuando como dos principais causadores do *statu quo* em que mantém o atual modelo de governação mundial[22]. Adicionalmente, incorporar as externalidades provocadas pelos efeitos ambientais é algo que os produtores têm, a todo o custo, tentando evitar, procurando que estes sejam compartilhados pelos cidadãos. Um exemplo é o consumo energético em combustíveis fósseis por via do transporte aéreo, em que a transição para o consumo de energia verde ainda se encontra a custos inacessíveis e, nalguns casos, ainda, tecnologicamente, não sendo totalmente possível. Naturalmente, ao criar a tecnologia de voar como um dos maiores avanços do ser humano, acabou-se por abandonar a investigação contínua na procura de alternativas que permitam que tal continue a ser possível sem prejudicar o ambiente de uma forma significativa. Contudo, uma vez mais, as forças económicas tendem a dominar as negociações de prioridades estratégicas, muitas vezes, longe dos governos e, já nem se fala, longe das pessoas e dos seus interesses. Trata-se de um bom exemplo como a legitimidade e a democracia participada, que são valores e epistemologias das organizações sociais atuais, falharam na evolução mais recente do mundo, dominado por um modelo de governação que atua longe dos cidadãos, enquanto consumidores e partes interessadas nas decisões tomadas.

Por outro lado, como temos vindo a discutir, como as estratégias comerciais têm sido no sentido de colocar o ónus da decisão e da mudança nos consumidores, havendo uma alienação e dissociação das responsabilidades e do grau de impacto das consequências ambientais e, ainda, da capacidade de mudança que cada um consegue ter. Com isto, não se pretende que os cidadãos não assumam as suas responsabilidades ambientais e há, efetivamente, muitas áreas em que pequenos hábitos feitos de forma conjunta têm uma capacidade de mudança muito grande. No entanto, as condições e ambientes criados para que essas mudanças comportamentais aconteçam são muito diminutas e, em muitos casos, praticamente insignificantes quando comparadas com as práticas realizadas noutros momentos ou áreas geográficas, pelos mesmo atores públicos ou privados[59, 110]. Referimos o exemplo dos automóveis elétricos, mas podemos também destacar o potencial da reciclagem no domicílio que, em primeiro lugar, requer um acesso generalizado a um sistema de recolha de lixo adequado e toda uma cadeia de reaproveitamento dos materiais recolhidos. Mas, ao mesmo tempo, em nada altera o consumo de materiais de plástico, de metal ou de vidro que poderiam ser, a montante, diminuídos consideravelmente. Da perspetiva dos países de baixo e médio rendimentos, as consequências e as condições ainda são mais graves e desproporcionais em relação às reais necessidades das pessoas, sobretudo nas áreas geográficas com profundos défices no acesso à água potável e na existência de saneamento básico. A indústria de água engarrafada passou a ocupar grande parte do mercado destes países, sendo que os investimentos e recursos acabaram por ser alocados a estas indústrias, à custa de outros investimentos que poderiam ser feitos na melhoria das infraestruturas de base que servem milhões de pessoas. Estes contraciclos com impactos ambientais e na saúde das pessoas criam movimentos de insustentabilidade e, acima de tudo, modelos de resistência à mudança ao mais alto nível governamental e mundial, diminuindo a probabilidade da satisfação das necessidades das pessoas numa abordagem populacional.

Assim, a importância da tomada de medidas com efeitos imediatos é urgente e premente, de forma a mitigar desde já a maior parte dos impactos antropogénicos assumidos. As organizações e painéis intergovernamentais constituídos devem reconhecer a responsabilidade por tais ações, e não deixar nas mãos da autorregulação por parte dos atores privados, cuja essência, experiência e missão indicam que não irão, por essa via, conseguir satisfazer as necessidades de sustentabilidade ambiental. Regressando à perceção dos cidadãos pela importância do tema, o seu crescimento tem tido algum impacto social nas decisões que individualmente são tomadas, nomeadamente como consumidores ao optar por bens e produtos em que são atribuídas garantias de seguirem uma cadeia de abastecimento e de valor o mais sustentável possível. Este facto tem, efetivamente, conduzido a que várias empresas e indústrias ou se tenham readaptado ou tenham surgido, pela primeira vez, no mercado, implementando, desde o início, estas boas práticas. No entanto, e, uma vez mais, em termos da distribuição e concentração nos setores da energia fóssil e de automóveis, transporte e aviação, estas mudanças estão longe do impacto absolutamente necessário e urgente. Esta perceção tem por vezes consequências drásticas que, em última instância, terminam com a ameaça à própria vida das pessoas. Perante um crescimento de ativistas ambientais, incluídos em grupos e organizações, acompanhados por jornalistas e demais repórteres, observa-se, infelizmente, um aumento de ataques à vida destas pessoas, com as Nações Unidas a reportarem um número de mortes anuais crescentes entre membros destes grupos[49]. Além dos processos legais, a intimidação como estratégia por via do atentado à vida é uma realidade que leva ao receio das pessoas fazerem-se ouvir e defender os seus direitos, particularmente, entre aquelas que se encontram diretamente ameaçadas por tais más práticas. Como referido, além da desproporcionalidade dos grupos mais desfavorecidos e atingidos, estes, também, estão em menores condições para verbalizarem as suas preocupações e, muitas vezes, são silenciados pelos vários mecanismos corporativos que se encontram à disposição destes atores macroeconómicos e poderosos. Além disso, devido à proteção que lhes é concedida pelos próprios governos, aumenta ainda mais a vulnerabilidade dos cidadãos individualmente e mesmo em grupos organizados. Veja-se, novamente, o exemplo catastrófico que ocorreu na floresta da Amazónia associado à governação de Jair Bolsonaro, em termos da dimensão de área ardida, potencialmente, por fogo posto durante esse período, o aumento da intensidade do uso dos solos por empresas privadas e, desta feita, a retirada forçada dos povos indígenas[5–7].

O crescimento de regimes tendencialmente autoritários e populistas em todo o mundo, são, muitas vezes, apoiados por atores cujos interesses se alinham com a manutenção do *statu quo* atual e sem qualquer intenção de alterar quaisquer procedimentos em prol da sustentabilidade ambiental. Algo que se tem discutido, considerando as externalidades de tais práticas, as quais têm sido absorvidas, sobretudo, por erários públicos ou diretamente pelas pessoas, como por exemplo, através dos efeitos na saúde causados pela diminuição da qualidade do ar, sendo, atualmente, a causa de morte anual de sete milhões de pessoas, além das complicações respiratórias e cutâneas que provocam em vários milhões, é a possibilidade de os próprios atores privados, que produzem tais bens e serviços, poderem assumir essas mesmas externalidades[35, 111]. Naturalmente, tal traduz-se em termos de custos adicionais nos produtos produzidos, não se refletindo no preço final para o consumidor, mas na diminuição das margens de lucro obtidos sem comprometer os produtores com menor expressão na cadeia de valor. Mas quando se considera os modelos regulatórios em vigor e a associação com os regimes políticos de cada país, aqueles mais vulneráveis, a práticas de lóbi e de influência, incluindo atos de corrupção, somam barreiras cumulativas a quaisquer práticas e ameaçam o bem-estar das próprias populações.

Também neste ponto, os países de baixo e médio rendimento, devido às instabilidades político-sociais e fragilidade dos regimes políticos e transições democráticas, encontram-se muito menos capazes de implementar sistemas regulatórios robustos. Deste modo, quando os valores económicos se centram, em grande parte, na extração, produção e exportação destas matérias-primas, produtoras de gases de efeito de estufa, cria-se uma dependência quase absoluta em manter esses mesmos produtos a circular sem o máximo de interferências possível. Estes países exportadores de combustíveis fósseis são os mais sensíveis na oposição a quaisquer medidas de proteção ambiental. As empresas e estes países têm recorrido a práticas de responsabilidade social que tentam compensar os danos causados por esses mesmos produtos, mas a legitimidade que lhes é concedida não deve compensar atos que são imoralmente incorretos. Como exemplo, tem-se observado o conhecido *carbon offsets*, ou seja, medidas de compensação ambientais pela produção de gases com efeito de estufa, como a proteção de espaços verdes ou a plantação maciça de árvores em determinadas áreas geográficas[36, 40, 66]. Não desfazendo a importância da preservação e proteção de espaços verdes, tal não deve ser usado, do ponto de vista ético e moral, como compensação pela emissão de toneladas de gases de estufa. Até porque, como já é conhecido pela evidência científica, os efeitos negativos provocados pelas emissões tendem a ser observados noutros locais do planeta, longe daqueles onde estes acontecem e muito mais em locais diferentes onde tais medidas ambientais de responsabilidade social são adotadas. Adicionalmente, as empresas que recorrem a tais medidas têm, também, recorrido à captação de financiamentos públicos e por via dos consumidores, através de campanhas de marketing indutoras desses apoios, cuja razoabilidade é colocada em questão. Tal como referíamos relativamente à absorção das externalidades, as empresas recorrem precisamente a práticas contrárias, para protegerem os seus investimentos.

Nos últimos anos, muitas figuras públicas têm usado a sua influência para consciencializar a população, governos e organizações para as mudanças urgentes que são necessárias para fazer frente às ameaças climáticas. Partindo, muitas vezes, do referencial da agenda para o desenvolvimento sustentável, cujos objetivos traçados para 2030, acordados em sede da Assembleia-Geral das Nações Unidas, tentam captar esforços e concertações em prol da componente ambiental. Uma vez que se trata sobretudo de vontade política e social para a mudança, o sucesso tem sido baixo. Se de uma perspetiva financeira têm sido encetados esforços no sentido da inovação tecnológica, sobretudo em contexto académico e de laboratórios especializados, com grandes linhas de financiamento dirigidas a tal, os resultados, também, aqui têm ficado aquém ou sido demasiado influenciados, muitas vezes, por vias secundárias pelas grandes indústrias[66]. Aliás, mesmo em referência à agenda para o desenvolvimento sustentável, sob a égide de envolver todos os atores e parceiros da sociedade civil, sem grandes mecanismos de transparência e responsabilidade na gestão de conflitos de interesses, o grande grupo que congrega os parceiros do setor privado (*Global Compact*) tem sido notado como um potencial grupo de influencia de interesses na manutenção do modelo de governação atual no que toca à necessidade das principais mudanças, legitimando as suas ações em termos de práticas de responsabilidade social[22, 35]. Não se pretende diabolizar o setor privado, até porque as inovações tecnológicas, incluindo através de coligações, alianças e parcerias público-privadas, têm grande potencial e enorme impacto para a sustentabilidade ambiental. No entanto, considerando o peso que o setor comercial e corporativo ainda tem na produção de gases com efeito de estufa e na reversão, nomeadamente, na área energética, de medidas que em nada contribuem para a neutralidade carbónica, os seus principais contribuidores deverão ser observados com as cautelas necessárias.

Como foi discutido anteriormente, enquadrado nos determinantes comerciais, os mecanismos e canais pelos quais as indústrias conseguem influenciar os seus bens e produtos, ou diretamente junto dos governantes ou dos consumidores finais, há uma dificuldade nos processos de transparência que garanta a todos os cidadãos e, em particular, ao mundo da Organização das Nações Unidas, a segurança, a ética e a moralidade efetivas nas propostas e na participação que têm. Além da componente financeira, as definições de prioridades de investigação são, também, vulneráveis às linhas de financiamento criadas, sobretudo, dirigidos a centros académicos. Como exemplo, além dos veículos elétricos anteriormente descritos, é também dado maior prioridade financeira à produção de ingredientes e alimentos de alta tecnologia do que às alterações aos padrões alimentares e cadeia de produção, que procuram mais sustentabilidade no uso de fertilizantes altamente poluentes e concentrados em determinados países[7]. Atualmente, mantém-se em vigor práticas de agricultura e de produção animal que não são sustentáveis e, inclusive, eticamente questionáveis em termos das condições quer para os produtores quer para os próprios animais. Neste caso, são também conhecidos os impactos ambientais da produção em massa, a par de excedentes alimentares que não se adequam às reais necessidades dos seres humanos, sobretudo, pela desigualdade que existe a nível global, desde a subnutrição à obesidade. Tal padrão alimentar e as suas consequências refletem bem como as influências e alocação de recursos, por defeito e excesso, mantêm um *statu quo* na criação e manutenção de um nível de carga de doença que não é adequado à qualidade de vida que poderia ser observada. A interligação dos vários fatores e determinantes é outro ponto chave, previsto no desenho da agenda de desenvolvimento sustentável, uma vez que a vida natural não se dissocia em silos cujas estruturas da organização social atual procuram «dividir para reinar». Esta necessidade de ter um olhar integrado, fortemente centrado numa distribuição equitativa dos recursos, preservando todas as dimensões planetárias é um dos grandes desafios que o ser humano terá que acertar no presente século, sob pena de quaisquer esforços acabarem por não se traduzir em melhorias efetivas para todos e a todos os níveis[101, 112, 113].

Muito haveria para falar sobre as alterações climáticas, as emergências que está a criar em todos os lugares do mundo, os efeitos que tem na saúde e bem-estar de todos os cidadãos e as perceções que estes têm relativamente a este fenómeno. Vivemos, efetivamente, numa era de alteração climática de causa antropocêntrica, em que apesar de mudanças e fenómenos climáticos serem parte integrante e importante do funcionamento do planeta Terra e da mudança que ocorre naturalmente, estes efeitos estão a sofrer ritmos de aceleração e intensidade sem precedentes na história dos seres humanos. As grandes revoluções que deram origem aos avanços tecnológicos que observamos atualmente, têm um custo que pode ser demasiado caro para as ambições desproporcionais e, provavelmente, em grande medida desnecessárias para a satisfação das necessidades das populações. Embora de uma perspetiva filosófica e ética possa ser discutido em que medida tais ambições devem ser equacionadas, a verdade é que há uma sensação populacional que atualmente está desmesurada e altamente desigual, centrada em paradoxos e círculos viciosos que, apenas, servem alguns em detrimento do sofrimento de muitos[16, 114].

O ambiente é de todos e, naturalmente, a vida diária de cada um contribui para a sua modificação, e, como referido, todos podem e devem contribuir para a sua preservação. No entanto, à medida que o conhecimento técnico-científico vai crescendo, tanto em termos explicativos como preditivos, são claramente identificadas as áreas prioritárias de mudança, aquelas em que o impacto positivo seria maior caso se observassem mudanças estruturais no seu desenho. em particular, as fontes de energia que, atualmente, utilizamos em contexto industrial e domiciliário, os custos ambientais dos meios de transporte, em que a aviação representa a maior componente de emissão de gases de efeito de estufa, os modelos de transporte ferroviário pudessem ser soluções e o setor agroalimentar com excessos produzidos e as condições em que são realizados, tanto nas matérias primas perigosas como nas condições dos animais, mas que se traduzem em contínuos desgastes ambientais. A qualidade do ar que respiramos e os agentes que milhares de milhões de pessoas são expostas diariamente, são também fatores com consequências crónicas substanciais, traduzindo cargas de doença elevadas com diminuição da qualidade de vida e do bem-estar dos cidadãos.

Retornando ao futuro, o mundo climaticamente sustentável em 2050 precisa de uma economia circular, consciência social coletiva da importância da preservação do ambiente, ferramentas digitais e tecnológicas ao serviço dos interesses das populações e modelos de governação protetores do bem-estar planetário. O desígnio de evitar o aumento de 1,5ºC na temperatura média global é de todos, e para lá chegar as perceções das pessoas estão a mudar e os ativistas ambientais, jornalistas e todos os cidadãos que desafiam o *statu quo* e dão um passo mais à frente na luta por essa mesma sustentabilidade devem, com obrigação de todos os demais, serem protegidos e não serem alvo de constantes pressões e ameaças às suas próprias integridades. O desafio da soberania dos Estados impede, igualmente, medidas concertadas que vão além das políticas externas individuais e de jogos geopolíticos que em nada contribuem ou, pelo contrário, criam maiores dificuldades e atrasos na implementação das medidas urgentes, identificadas e definidas para evitar maiores catástrofes mundiais. Torna-se, assim, imperativo que sejam alteradas todas e quaisquer vicissitudes que continuam a expor, de forma altamente desigual, as populações em maior privação socioeconómica, com menor capacidade e resiliência de mitigação e recuperação dos eventos climáticos, e dar um passo qualitativo na resolução de um problema comum, a nível mundial.

Capítulo 8
A perceção política da complexidade

Recriam-se: e que esta seja a vossa melhor criação.

— Friedrich Nietzsche, em *Assim Falou Zaratustra*

Tal como vimos no primeiro capítulo, é constatado, desde a existência dos seres humanos, que diferentes organizações sociais têm sido contempladas ao longo da sua história. Aliás, não entre seres humanos, mas desde as relações simbióticas entre seres vivos unicelulares, passando por todo o reino animal até à forma biológica mais evoluída, o ser humano. Tal acontece devido à necessidade geneticamente predefinida de sobrevivência tanto individual, como da espécie como um todo, não só pela capacidade de reprodução, mas também, pela própria motivação e propósito em o fazer. Deste modo, e numa perspetiva biológica descrita pelo pai da biologia, Charles Darwin, existe um padrão de seleção natural em que os mais adaptados e os mais flexíveis perante as adversidades do ambiente em que se inserem, serão os que continuarão a propagar[115]. Deste modo, na ausência de um modelo de vida individual que permita a sobrevivência como melhor qualidade de vida, as organizações em grupos de seres humanos constituem aquelas que melhor se adaptam à seleção natural, que é contínua desde a criação do planeta Terra. Esta ligação introdutória aos conceitos de biologia e às relações bióticas e abióticas apesar de estranho num capítulo de ciência política, é propositada de forma a enquadrar na base nuclear o porquê das decisões e dos modelos de organizações sociais que foram criados e que atualmente regulam a maior parte da vida humana, com apenas algumas pequenas exceções de determinados grupos indígenas, por exemplo[11].

A partir do momento em que se observa a necessidade de viver em grupo, no qual se integram pessoas em diferentes ciclos de vida, expressando também diferentes necessidades, surgiu a importância de regras em que este convivo é realizado diariamente. Estas regras, de um ponto de vista filosófico, são estabelecidas com base em princípios, normas e valores que se enquadram no contexto cultural, social e económico e traduzem-se numa longa aprendizagem, as quais vão sendo moldadas por vários fatores, por vezes intangíveis e com profundo impacto no seio de tais organizações sociais. Adicionalmente, as adaptações aos fatores contextuais nem sempre traduzem uma melhoria em termos da satisfação das necessidades das pessoas, como já vimos diversos exemplos ao longo dos capítulos anteriores, pelo que os fenómenos adaptativos são moldados de acordo com vários interesses e, retornando à importância dos conceitos biológicos, permitem uma seleção natural daqueles que mais se destacam, mesmo que pelos piores motivos. Neste sentido, assumindo a política enquanto prática de auto e heterorregulação, exercida por todos os cidadãos, ainda que com diferentes forças e impactos no sistema de organização social, o que procuraremos refletir é como esta prática tem percecionado a evolução da complexidade dos sistemas de interação humana e social.

Atualmente, os regimes políticos seguem quase todos as mesmas linhas de entendimento, fortemente argumentados no seio filosófico da Grécia Antiga e impulsionado pela época do iluminismo que deu origem à Revolução Francesa[5, 55]. Daqui nascem, também, os pensadores modernos que definem as regras de jogo, argumentado riscos e benefícios dos diferentes sistemas políticos. No entanto, as premissas de ponto de partida surgem enviesadas, e, desde então, têm sofrido mais vícios na sua implementação, até ao facto de em pleno século XXI vivermos um aparente conflito democrático e autoritário, com enormes desafios tanto em satisfazer as necessidades das pessoas, como em responder aos atuais e futuros desafios que discutimos até aqui. Esta encruzilhada em que o ser humano se encontra, tem naturalmente, também, uma resposta de mudança de pensamento e abordagem aos problemas que, à primeira vista, apenas dá vontade de descartar, dada a enorme dificuldade em alterar tantos princípios, valores e normas que são dados como adquiridos e, muitas vezes, pior ainda, como verdades absolutas. Uma das grandes barreiras tem sido a narrativa de assumir as práticas como «tendo sido sempre assim», diminuindo a capacidade de discórdia e de tolerância pela contrariedade, enquanto a coerência se mantém como um espaço de conforto. A forma de governação atual assenta muito nestes princípios e, por isso, é tão rígida e resistente a quaisquer mudanças, em que aproxima os cidadãos das decisões e se criem e elevem organizações sociais que são mais participadas e, não, meramente, de espetador com uma intervenção a cada quatro anos, em termos eleitorais (sendo que nos regimes autoritários esse processo ou é mascarado, ou nem sequer está presente).

Considerando estes fatores, adiciona-se, então, mais um nível de discussão que está relacionado precisamente com as prioridades económico-financeiras, que atualmente são as que definem as regras de jogo e as partilhas (ou não partilhas) de poder. Se no século XVIII já se observavam movimentos em prol de distanciamento dos regimes governativos de autoridade dos cidadãos e de maior valor concedido ao indivíduo do que à coletividade, rapidamente, criou-se uma fratura entre aqueles que defendem um lado e outro, no final do século XX, cuja intensificação destes processos terá sido alimentado pelos movimentos neoliberais[6, 55]. Estes foram impulsionados naturalmente pelos países ocidentais, liderados pelas administrações de Ronald Reagan, nos Estados Unidos da América e por Margaret Tatcher, no Reino Unido. Mas então, qual é o principal problema que se observa nesta dicotomia?

Aliás, porque há uma dicotomia?

Porque permitiram os cidadãos a entrega da totalidade das decisões perdendo capacidade na sua influência?

Será que outros sistemas de organização social que não se circunscrevam, apenas, a partidos políticos de direita ou de esquerda, democráticos ou autoritários poderiam ser aplicados?

Porque foram apenas considerados os pensadores da Grécia Antiga como referência e não quaisquer outros ao longo da história da vida humana?

A perceção política destas questões tem estado praticamente ausente, talvez de forma intencional ou talvez porque os próprios modelos atuais, apenas, impedem a sua compreensão ou pensamento. Iremos tentar analisá-las, sendo que naturalmente não existem respostas certas ou erradas, apenas hipóteses que poderão um dia a vir ser mais bem exploradas e, se ontologicamente trouxer maior prosperidade, implementadas. Mas comecemos pela noção de um ponto de partida enviesado, em que o pensamento dirigido ao indivíduo como valor máximo criou um problema de liberdade individual e de valor coletivo. Estes dois não têm a necessidade de serem mutuamente exclusivos, como os sistemas político-partidários a nível dos Estados e regimes políticos, a nível global, como parecem querer mostrar[5, 116]. A evolução para o pensamento linear, com busca por uma resposta direta, fácil e de causalidade simples tem alimentado um conjunto de perceções e assunções que não se coadunam com a vida real e natural[116]. Em primeiro lugar, os meios de comunicação social, seja através da televisão, da rádio ou das redes sociais, são exímios a promover esta forma de pensamento, dando espaço e voz aos governantes para trabalharem assuntos altamente complexos em poucos minutos e baseado em *soundbites*. Existe um problema de base no modelo do pensamento do ser humano, na abordagem de problemas complexos que criou um círculo vicioso tão profundo, que impede consideravelmente a adoção de estratégias e políticas de médios e longos prazos focados no que interessa. Em segundo lugar, parte da intenção deste modelo, também está relacionado com o sistema financeiro e económico global, bem como todos os seus fatores de interesse e principais atores, que promovem o consumo de excessos para a obtenção de dividendos bem além dos necessários. Em terceiro lugar, a intenção de que quaisquer recursos e acesso a estes é sempre melhor a curto prazo do que a longo prazo (ou seja, a ideia subjacente de que é melhor um euro amanhã, do que cinco euros daqui a um ano) modificou a forma como definimos os princípios, regras e valores que tornaram aceitáveis tais práticas. Acima de tudo, parece que tendemos a cair numa ratoeira que se torna altamente difícil de escapar, ao tornar a maior parte dos seres humanos meros observadores a aguardar instruções de ação, numa bolha aparente de liberdade e escolha individual. Em última instância, o que parece ser observado hoje, em termos de perceção política é que nem uma verdadeira liberdade individual está disponível, nem o valor coletivo é preservado. Tal ficou bem patente durante a pandemia da covid-19, de que estes valores foram postos à prova e criaram enormes revoltas, contestações, perda de solidariedade e confiança nos governos e instituições públicas e mesmo entre comunidades, fruto de uma alteração aguda na perceção política da complexidade, pelos cidadãos[14, 46]. Estes fenómenos foram praticamente observados em quase todo o mundo.

Até então, apenas, estivemos a discutir o pensamento linear, embora a sua aplicação coletiva surja do pensamento sistémico, ou seja, aquele em que a pesquisa pela verdade e pela compreensão dos factos fazem-nos tomar as decisões do dia a dia. Desde os alimentos a comprar para o almoço, ao número de filhos que se pretende ter, tudo tem as suas raízes numa lógica coletiva e prevê uma dimensão multifatorial que vai além da interpretação do próprio indivíduo. Este vê-se integrado na sua sociedade, desde a comunidade do local onde reside à sua nacionalidade e às expectativas globais, que traduzem as suas próprias perceções de bem estar e qualidade de vida[116, 117]. Propositadamente, procurei dar a maior amplitude possível a este pensamento, pois tem sido algo que tem faltado, sobretudo desde os primeiros passos no nosso neuro desenvolvimento. Ao longo do nosso percurso formativo, em que a maior parte do sistema educativo se centra apenas na comunicação de factos de relações diretas, em nada contribuem para a promoção de um pensamento que capta todos os fatores que regem e governam a vida das pessoas, e como as relações e interdependências coletivas são fundamentais e influenciam os resultados, motivações e perspetivas dos princípios, regras e valores ao longo do ciclo de vida[15, 20, 55].

Como discutiremos adiante, nenhum é mais importante que o outro, aliás o principal valor e caminho que deve ser feito é no sentido de combinar os dois tipos de pensamento na construção e modificação contínua dos modelos de organização social e das ações que os seres humanos tomam em prol dos resultados esperados. O que parece que tem estado em falta e a uma velocidade que restringe a capacidade de modificação dos fatores, que podem condicionar a nossa compreensão das causas e desafios que nos rodeiam, é precisamente a ponte entre os dois níveis. Em muitas situações do quotidiano, a aplicação de um modelo de pensamento linear é o mais custo-efetivo, dado satisfazer as necessidades imediatas e básicas. O desafio impõe-se, no entanto, em garantir que os ambientes em que a aplicação deste modelo linear teve por base uma construção num pensamento sistémico, o que não tem acontecido[7, 116].

Quando discutimos a influência dos determinantes comerciais, observou-se que atualmente todos os sistemas de prestação de bens e serviços, dirigidos às necessidades mais básicas, estão centrados na promoção do individualismo, sem ter em atenção as consequências coletivas dessas mesmas escolhas. Relembramos, por exemplo, que para a escolha de um mesmo cabaz alimentar, constituído por produtos considerados saudáveis em termos alimentares, terá um peso diferenciado de acordo com o nível socioeconómico da pessoa que o pretende adquirir. Aliás, muitas vezes, esse custo representará um peso tão grande nos rendimentos auferidos, que se torna mesmo proibitivo, levando à escolha de produtos não tão saudáveis e até com maiores consequências ambientais, mesmo aplicando um modelo de pensamento sistémico, não consegue aplicá-lo nas circunstâncias da vida real.

Onde se pretende chegar é precisamente na responsabilidade de garantia que a organização social em vigor permite, consoante o nível de atuação, aplicar os diferentes modelos de pensamento, existindo, ao mesmo tempo, os recursos disponíveis para os colocar em prática. No entanto, quando aqui se discute a necessidade de repensar na organização social atual, de forma a satisfazer as necessidades mais abrangentes de todos os seres humanos, enquanto se assegura o desenvolvimento sustentável, torna-se, também, relevante que à medida que as pessoas se vão apercebendo e apropriando dessa vontade de mudança, criem os seus pontos e fatores necessários, sobretudo nos regimes democráticos, por menor participação que tenham. Adicionalmente, importa destacar que as mudanças sociais e, consequentemente, político-administrativas não dependem, apenas, dos governos nacionais, sendo o papel dos governos locais de extrema relevância, ao proporcionar a proximidade e a alavanca necessária para as transformações que ocorrerem. Vejamos, por exemplo, a possibilidade de modificar os comportamentos de consumo de cadeias alimentares de grande escala para o comércio local, dando capacidade de criação de uma economia circular local com maiores retornos para toda a população, enquanto se manifesta em termos de ganhos ambientais e sociais[94, 103].

O pensamento complexo surge, assim, como conceito de interligação entre o pensamento linear e sistémico, ao captar os benefícios e riscos que as decisões políticas e individuais tiveram em conta um enquadramento cognitivo robusto e abrangente, fugindo às tendências excessivamente individuais que não servem os valores coletivos. Tal como discutimos em termos dos pressupostos da ciência política atual, os ciclos eleitorais ou as aparentes eleições, de regimes democráticos e regimes autocráticos com aparentes comportamentos democráticos, respetivamente, levam a um comportamento rápido, direto e linear que apenas tentam dar uma resposta com resultados visíveis a muito curto prazo, de forma a manter a popularidade pública e assegurar os respetivos votos entre ciclos. Apesar de marcadamente reconhecido como uma limitação entre os sistemas democráticos, e ser uma narrativa crescente, a vontade em auscultar as populações de forma a garantir a sua legitimidade e confiança nas políticas adotadas, continua a assentar nos modelos de pensamento linear, muito embora o formato destas participações públicas seja bastante superficial[116, 118].

O modelo de pensamento sistémico está, essencialmente, reservado à componente técnica de parte do setor público e à academia, sendo também aplicado no sistema privado, nomeadamente empresarial e da indústria, mas cujas finalidades tendem a não se alinharem com os princípios de solidariedade, como já discutimos. Não deixa de ser particularmente interessante como a aplicação destes modelos de pensamento complexos, pelo setor privado, foram um dos argumentos para afastar as funções do Estado da prestação de bens e serviços na década de 80, dividindo uma vez mais a forma de pensamento. Diga-se que os movimentos de privatização tiveram inicialmente apenas um pensamento linear, com base em premissas de eficiência, produzindo, novamente, resultados a curto prazo, sem se ter em consideração se tal seria benéfico para as populações a longo prazo. O pensamento complexo precisa de ser fomentado e trabalhado, sendo que não será algo que se modifica de um dia para o outro. O papel do sistema educativo é essencial, mas o maior desafio é garantir que os formadores e professores estejam capacitados para o fazer, dado na realidade se observar um constructo social comum, que dificulta as modificações que devem ser atingidas. Deste modo, todas as novas gerações estão neste momento apenas capacitadas para perpetuar um modelo de pensamento linear, focado em objetivos exclusivos de individualismo, competitividade e capital lucrativo, seja em termos sociais, seja económico. Tal se observa, por exemplo, entre os cursos de formação de Gestão, em que ainda se torna mais evidente como estes profissionais, que detêm uma enorme probabilidade de virem a ser os líderes de amanhã, mantenham esta conceção. Também, entre os profissionais de Direito, com uma enorme responsabilidade na definição e aplicação dos princípios, normas e valores que regem os modelos de organização social que existem no mundo, continuem a ser desenhados deste modo. Neste ponto, em particular, a letra de lei é essencial no regimento das populações e, olhando em particular para as constituições, enquanto instrumento primário de governação, a maior parte destes foram desenhados e implementados no século passado. Obviamente altamente vulneráveis às ideologias dessa altura, tornaram-se cada vez mais desadequadas à realidade observada atualmente e sendo um impedimento da evolução dos modelos de pensamento conjunto, a liberdade do indivíduo é tão importante quanto a saúde da coletividade em que este se insere[11, 24, 65].

Do ponto de vista prático, a utilização em larga escala de um modelo de pensamento complexo, combinando a linearidade e a não linearidade sistémica das decisões tomadas em todas as suas componentes, iria causar uma modificação dos modelos de governação atuais. Ou seja, as decisões que as pessoas tomam atualmente, seja em termos de produtos, bens ou serviços, a forma como se relacionam, assumem um pensamento crítico e refletem nessas decisões, não só para o próprio (ao qual se acrescenta naturalmente o seio familiar, enquanto célula mais básica e próxima da compreensão individual), mas também no coletivo baseado no contexto em que cada um se insere. Os fatores contextuais, de uma perspetiva positiva e promotora de uma vida equitativa, excluindo-se aqui os fatores que são contraproducentes ou propulsores de desigualdades de género ou de outra natureza, são essenciais, também, na preservação de valores culturais e comunitários que fazem quaisquer grupos de seres humanos sentirem a sua apropriação, não sendo sempre necessário que estes sejam de natureza geográfica, uma vez que os grupos nómadas também os exerciam, como já vimos anteriormente. Ao tecer comportamentos de pensamento complexo, começa-se a ter em consideração as consequências sociais, ambientais e económicas dessas mesmas decisões, o que perante todos os efeitos nefastos que descrevemos anteriormente, iriam tornar os cidadãos muito mais alertas a estas decisões e influenciar os seus comportamentos políticos. É precisamente neste ponto, que as perceções políticas dos cidadãos, atualmente, não permitem refletir o potencial que estes podem ter como agentes ativos nas suas comunidades e, principalmente, os ganhos em qualidade de vida que podem ser observados. Ir além de uma gestão de vida diária, baseado no risco da ausência dos recursos que satisfaçam as necessidades mais básicas, é algo que se encontra disponível a todos, sendo um dos imperativos para o século XXI, sob pena de entrarmos numa espiral tão desigual com dificuldades crescentes de ser possível alterar as consequências a médio e longo prazo[1, 85]. Tal como disse Thomas Friedman, «a coerência é o apanágio das mentes obtusas»[119] pelo que perante a passividade das populações, as decisões políticas tendem a seguir retóricas que não são contestadas e tão pouco criados pontos de vista contraditórios, sob pena dos níveis de intolerância serem tão elevados que criam barreiras efetivas na forma da expressão da liberdade individual. Aliás, esse tem sido um dos motivos que levou à construção da perceção política dos cidadãos, cada vez mais descontentes com o rumo e consequências para as suas próprias vidas e, ao mesmo tempo, sem grande capacidade ou margem de manobra de poderem contestar essas mesmas decisões.

A capacidade de evoluir para um sistema de pensamento complexo permitirá, também, exigir mudanças na alocação de recursos de modo a satisfazer tanto os resultados individuais, como coletivos nas escolhas realizadas. Esta torna-se outra vantagem que iria, com grande probabilidade, obrigar a uma mudança no modelo de governação económica atual, dado não ser congruente com um novo entendimento, que existira na forma como as necessidades são efetivamente satisfeitas. Como seria possível evoluir para escolhas de automóveis, quando se compreendia as enormes consequências em termos ambientais, na queima de combustíveis fósseis e nos efeitos do tráfego e de degradação das estruturas urbanas na saúde mental das pessoas?

Além da satisfação individual da necessidade da mobilidade, que requer naturalmente recursos financeiros e tecnológicos, nomeadamente no dia a dia na deslocação laboral, iria também considerar os fatores coletivos dessas escolhas, com melhorias na compreensão da sua liberdade individual na população em que se insere, com potenciais ganhos em termos de tolerância e confiança entre cidadãos. Todos estes valores e fenómenos encontram-se altamente ameaçados por perceções políticas negativas e discussões profundamente enviesadas, considerando o ponto de partida do pensamento na tentativa de resolução dos principais problemas que afetam a qualidade de vida e bem-estar das pessoas.

Uma política de complexidade é, assim, aquela em que serve dois propósitos essenciais. Em primeiro lugar, considera tanto os impactos individuais, isto é, aqueles que vão dar uma resposta efetiva e visível aos cidadãos, e os impactos coletivos, aqueles que vão criar as condições e os ambientes favoráveis à progressão e desenvolvimento de uma comunidade e de uma população. Em segundo lugar, as políticas de complexidade promovem, ao mesmo tempo, a instrução e a literacia populacional no sentido de compreender a complexidade como uma interdependência de fatores e de resultados, que são percecionados e alcançados em diferentes fases e, também, em graus de intensidade[116, 119]. Na vida real, as políticas de complexidade nos modelos de governação e político-partidários são um fracasso em relação às metas consideradas como as ideais, nos esquemas de organização social atualmente aceites. A sua implementação requereria, também, que a promoção da literacia do pensamento complexo, enquanto fator de igualdade da linearidade e dos princípios sistémicos, fosse estendido a todos os partidos políticos e compreendido entre os vários órgãos de soberania e, em última instância, permitindo a reflexão nos instrumentos legais reguladores das organizações sociais, em particular, na constituição de qualquer Estado. Por sua vez, vale a pena fazer aqui, ainda, um parêntesis no que poderá ser outra consequência da evolução para uma política de complexidade, que é a maior perceção pela multidimensionalidade da responsabilidade partilhada entre os vários níveis legais da política, que não necessitam de refletir em si uma hierarquia propriamente dita.

Olhando para o exemplo particular da União Europeia, enquanto organização intergovernamental talvez mais evoluída em todo o mundo, em termos de desenvolvimento e maturação de vários anos, na relação de várias políticas e dimensões dessas mesmas políticas, em vários setores da sociedade[120, 121]. Uma política da complexidade poderá corresponder a uma maior apropriação de competências a todos os níveis de governação, desde o nível local ao nível Europeu, com um equilíbrio de poderes muito maiores para regular e proteger as populações de uma maneira muito mais efetiva, com os devidos tempos de atuação e de resultados que caracterizam a interface entre a política linear e sistémica. Embora aprofundemos este assunto no próximo capítulo, é desde já importante explorar as potencialidades da desconstrução cognitiva que políticas, segundo uma abordagem de pensamento complexo, podem trazer com amplos benefícios para toda a população. A forma como atualmente nos organizamos, em que o descontentamento, a falta de confiança nos governos e instituições, e a falta de tolerância para com o próximo, apenas está a fazer emergir um conjunto de emoções antidemocráticas e antagónicas no caminho de um desenvolvimento sustentável. A questão de quem deverá ser o culpado gera, também em si, uma resposta enviesada dada a questão não dever ser assim colocada, uma vez que teremos de olhar para trás centenas e talvez milhares de anos e identificar os vários fatores e indivíduos, ao longo da nossa história[9]. Fará sentido atribuir um risco maior e, consequentemente, um prémio de seguro maior a uma pessoa obesa e com hipertensão arterial?

Qual será verdadeiramente a sua responsabilidade pelas decisões que levaram a que se encontrasse nesse estado de saúde e, assim, ter de cobrir maiores custos pelo seu seguro?

Mas, por outro lado, deveria a sociedade assumir a repartição desses custos, quando se discute de um ponto de vista de solidariedade, o acesso universal à saúde, por exemplo? Com estas questões, sem uma resposta certa, mas antes uma reflexão filosófica, ética e epistemológica, pretendem enquadrar à luz do pensamento complexo, como se processariam as partilhas de responsabilidade.

Atualmente, uma vez mais no mundo real, elas nem são consideradas, dado ser necessário aplicar tal pensamento e os formatos lineares, ou rapidamente se tornarem demasiado insensatos na discussão, ou darem origem a comentários generalizados e populistas, que pretendem servir outros objetivos. É com base nesta formatação cognitiva que, atualmente, as populações se organizam, os recursos são distribuídos e as oportunidades existem, o que na realidade são desproporcionais entre os grupos que num pressuposto de Direitos Humanos, em que os valores e normas universalmente aceites, não correspondem aos métodos aplicados. O mundo vive numa crise de pensamento estratégico e de consciência coletiva, estando ambos interdependentes das escolhas rápidas e fáceis, e numa lógica de cansaço pelo que é a aplicação intelectual. Os trabalhos repetitivos e os sentidos paternalistas vieram satisfazer a forma de viver da maior parte dos milhares de milhões de pessoas, que têm percorrido o planeta Terra nas últimas centenas de anos, dando origem a políticas seja estadual e empresarial, que não servem os interesses da maioria e, adicionalmente, focam-se no indivíduo que requer uma resposta simples e «para ontem»[15, 55, 119]. A componente estratégica do pensamento complexo é talvez a chave para o seu sucesso, e, como referido, tem sido a componente mais deficitária devido à linearidade das respostas que se procuram. O mundo, no geral, e Portugal, em particular, tem tido imensas dificuldades em conseguir projetar o futuro e gerir a incerteza, baseado em modelos de cenarização numa compreensão sistémica de causas e de consequências em modelos não lineares. Deste modo, o modelo de governação atual, que dá origem às decisões políticas a todos os níveis, não consegue responder a uma visão abrangente que proporcione um alinhamento dos objetivos, sobretudo com as necessidades e interesses da maior parte da população[13, 24]. Naturalmente, além da epistemologia política na criação dos argumentos e fundamentos das decisões tomadas, é importante recordar as forças económicas potencialmente contrárias que existem na sociedade. Os modelos de negócio tendem a não conceder espaços provisionais transparentes e alinhados com as provisões públicas e populacionais, contribuindo ativamente para os pensamentos estratégicos.

Em conclusão, o mundo vive numa perceção que as organizações sociais devem ser baseadas num modelo puramente hierárquico, tendencialmente, paternalista e numa base de democracia passiva, dado ser aquele que melhores resultados traz em termos de qualidade de vida e bem-estar. Ao longo da história, diferentes modelos de organizações sociais têm sido aplicados, não sendo exclusivos dos que existem hoje, que surgem de perceções de um conjunto de pensadores que acabaram por influenciar os pensamentos que nos determinam até à atualidade. Neste sentido, é preciso criar uma disrupção cognitiva para que seja possível compreender como os vários determinantes e fatores influenciam a vida das pessoas, e terem sempre em consideração nas decisões que são tomadas ao longo da vida, desde os cidadãos até aos vários decisores políticos. A necessidade de evoluir para um pensamento complexo requer a combinação do pensamento linear e sistémico, estando atualmente quase centrado apenas no primeiro caso e sem alavancas, nem incentivos para a evolução para o segundo nível. As organizações político-partidárias vivem de uma resposta rápida e, do ponto de vista educacional e representativo, continuam a propagar *ad aeternum* uma perspetiva linear, sem quaisquer alterações perspetivadas de mudança, porque, provavelmente, implica o insucesso a curto prazo para uma grande vitória a médio e longo prazo.

Por outro lado, devido aos modelos institucionais e planos de negócios que influenciam as economias nacionais e internacionais, incluindo os sistemas bancários e financeiros internacionais, as suas perspetivas e planos de ação são traçados sempre de forma anual. Além da ausência do nível estratégico, também não permite integrar de maneira clara como os efeitos individuais impactam a coletividade em que cada indivíduo está inserido. Evoluir para uma lógica de responsabilidade partilhada, que necessita de ser repensada, incluindo numa perspetiva ontológica, tem de ser clarificada e a revolução digital vem permitir um apoio essencial na quantificação, a par das componentes qualitativas, na definição dessas mesmas responsabilidades. A perceção das políticas da complexidade pelas pessoas dependerá, essencialmente, nesta capacidade de compreender as relações de causalidade entre vários fatores e as consequências e/ou resultados observados. Tal como referido, atualmente a procura rápida da resposta, muitas vezes, veiculada e alimentada pelos meios de comunicação social à nossa disposição, incluindo através dos cliques rápidos das redes sociais, veio acelerar temporalmente a resposta que se quer ouvir, sem dar tempo para escutar e refletir sobre os fatores que nem sempre serão lineares, tanto quanto mais longe ou distantes se encontram dos cidadãos e dos decisores. Evoluir na capacidade da compreensão populacional dos fenómenos é, assim, o maior passo que a humanidade pode dar, de modo a criar organizações e movimentos sociais que vão quebrar barreiras e modelos enraizados, em que os sistemas de comando e controlo são, também, determinados pela capacidade de influência da sociedade civil.

Capítulo 9
A resposta flexível numa governação multinível

Na Natureza, nada se cria, nada se perde, tudo se transforma.

— Antoine-Laurent de Lavoisier

Ao compreender os diferentes desafios, traduzidos em fatores determinantes, que influenciam a qualidade de vida e bem-estar de uma população, compreende-se que nem todos estão ao alcance de poderem ser alterados individualmente ou em grupo. Apesar do esforço que pudesse ser encetado, verifica-se que os recursos necessários para criar uma mudança vital seriam provavelmente em vão, sendo a força coletiva uma ferramenta importante e necessária nestas situações. Como é agora compreendido, as condições e ambientes em que cada pessoa vive e está integrada irão condicionar, em grande medida, os recursos e as escolhas efetuadas, sendo que as responsabilidades dos resultados finais se diluem em todos estes fatores. Adicionalmente, estes fatores têm diferentes níveis geográficos e territoriais de influência, que estão na génese da organização político-administrativa existente no mundo. Ao discutir os desafios e problemas que as organizações sociais, em modelos de Estados, criam barreiras de soberania para a resolução de problemas a uma escala supranacional, também, é verdade que a forma como as jurisdições estão organizadas, muitas vezes, de forma artificial, igualmente, criam conflitos ou, pelo menos, mantêm-nos em estado latente, com possibilidade de erupção social e política a qualquer momento.

Consideremos, como exemplo, os resultados da definição das fronteiras de grande parte dos países dos continentes africano e Médio Oriente, em fase pós Segunda Guerra Mundial, incluindo a criação do Estado de Israel. Recorde-se que este processo foi realizado com recurso a uma definição artificial de linhas de fronteiras, num escritório em território Europeu, de acordo com os valores coloniais por parte dos países Europeus, muito longe das realidades das populações no terreno[5, 6]. Os inúmeros conflitos que ocorrem nesta área geográfica, as tensões com os países ocidentais devido aos conflitos armados de ameaças terroristas, invasões e ataques dos países ocidentais, os números crescentes de migrantes e pessoas deslocadas, são uma evidência contínua dos efeitos nefastos que as jurisdições têm, efetivamente, na vida das populações, dado criarem barreiras administrativas e, em muitos casos, físicas, entre família, círculos sociais, religiosos e culturais. Um outro exemplo foi o Muro de Berlim e a representação evolutiva aquando da sua queda, sendo que neste caso tratava-se efetivamente de uma barreira física que quebrou a ligação entre vários grupos populacionais e, para o qual, muitas das pessoas eram contra[5]. Com estes exemplos, pretende-se compreender de que forma as organizações administrativas, definidas por decisões políticas, têm tanto impacto para os modelos de governação globais atualmente existentes. Os enquadramentos legais que os definem estão naturalmente assentes no mútuo reconhecimento destes mesmos enquadramentos, acordado na Carta das Nações Unidas, como princípios fundamentais e no reconhecimento do Tribunal Internacional, como órgão soberano na manutenção dos princípios de justiça respeitantes nesta Carta. No entanto, como é sabido nem sempre tal acontece, o que leva a conflitos militares ou, pelo menos, a elevadas tensões diplomáticas, algumas que ainda se mantêm bem atuais. Em particular, a invasão da Rússia à Ucrânia ou a anexação da Crimeia de forma unilateral, são maneiras de não reconhecimento da soberania dos territórios invadidos, ainda que as narrativas dos invasores sejam diferentes. O conflito israelo-palestiniano, além de todas as divisões religiosas e de poder, consiste, em primeira instância, no não reconhecimento mútuo da divisão dos territórios em causa e, por outro lado, o motivo de tensões diplomáticas globais é o caso de Taiwan e da relação com o princípio de Uma China, defendido pela República Popular da China, apesar do primeiro país ter um perfil de entendimento político e administrativo diferente[6, 7, 55]. Assim, os instrumentos legais não são por si só suficientes, sendo necessário que estes sejam reconhecidos e haja confiança na sua aplicação, o que no mundo atual tem sido posto à prova em muitas situações sendo, as mais recentes, a gestão da pandemia da covid-19, nomeadamente, em termos de controlo de fronteiras e partilha de informação global e o conflito militar entre a Rússia e a Ucrânia.

À medida que fomos discutindo a globalidade dos fatores que condicionam, então, estes ambientes e de que forma as organizações administrativas e de jurisdição condicionam a capacidade de atuação sobre esses mesmos fatores, reconhecendo as limitações do efeito da soberania, as organizações internacionais assumem cada vez maior importância, ainda que esta não lhes seja explicitamente atribuída. Em alguns casos, como veremos o exemplo da União Europeia, esta é mais reconhecida, mas ainda depende dos contextos e momentos em que os poderes são efetivamente partilhados, enquanto noutras, como as agências nas Nações Unidas, são totalmente reféns das prioridades de política externa dos países. Falamos, nomeadamente, dos que têm maior poder económico, dado serem estes que maior financiamento conseguem alocar e influenciar as prioridades de intervenção, ainda que se procure sistemas transparentes e democráticos, em que todos têm igual direito em sentarem-se à mesa. Naturalmente, o segundo fator com mais peso negocial e de representação é a dimensão populacional, sendo que os países com maior número de habitantes, mesmo com rendimentos inferiores, terão sempre maior capacidade de se fazer ouvir pela influência interna e externa[31, 122, 123]. Contudo, para efeitos de modelo governativo, nada se altera nas relações multilaterais que estas organizações internacionais e intergovernamentais se baseiam, sendo em parte reféns das prioridades de política externa de cada um dos seus membros, pese embora se caminhe no sentido de garantir autonomia de gestão e alocação de recursos, como, uma vez mais, a pandemia da covid-19 veio demonstrar ser absolutamente necessário, de forma a satisfazer as necessidades das pessoas.

Naturalmente, à medida que entramos na dimensão multinível, que desde já não significa necessariamente uma relação hierárquica vertical, podendo assumir um conjunto de entendimentos entre relações verticais e horizontais, do ponto de vista legal, é importante destacar novamente os atores não governamentais, sejam as organizações não governamentais, sejam associações, entidades sociais e privadas, entre outras, e a sua evolução em termos de representação e de negociação a todos os níveis. A sua particularidade é que, independentemente da jurisdição das suas próprias ações, seguem sempre políticas internas e necessitam de autorização legal, estatutária, política, económica e até social, da parte da aceitabilidade da população, para exercer estas mesmas funções. Não atuando no vácuo, considerado o seu amplo poder nos modelos de governação atuais, estarão sempre dependentes das jurisdições administrativas[1, 30].

Deste modo, conclui-se que as políticas e decisões, apesar das jurisdições e delimitações administrativas em que nos encontramos, são alvo de redefinição em níveis geográficos e territoriais superiores. No limite, vivendo em qualquer país reconhecido como Estado-membro das Nações Unidas, significa reger os princípios de vida e de igualdades pela Carta das Nações Unidas, sendo dos instrumentos mais democráticos que existe. Posteriormente, terá de ser olhado para os modelos de cooperação entre países que permitem alinhamentos e reconhecimento de soberanias e partilha de competências entre os próprios, com a necessidade da confiança e aceitabilidade pela população de tais escolhas realizadas. Nos regimes democráticos, de forma a aumentar a participação pública das decisões estratégicas de condução de um país, muitas vezes recorre-se a referendos enquanto instrumentos de auscultação direta da população através do seu sentido de voto. A utilização e a frequência deste instrumento são muito variáveis e, uma vez mais, depende da cultura de maior ou menor participação, contextos e culturas de participação política. Olhando em particular para a União Europeia e começando por um dos piores momentos da sua história, contrária à sua finalidade de integração e promoção de uma vida próspera para todos os seus cidadãos, ocorreu o fenómeno da saída do Reino Unido enquanto Estado-membro desta organização intergovernamental, após referendo e decisão do povo britânico nesse sentido, num processo que ficou conhecido como *Brexit*. A decisão acabou por ser efetivada, apesar das contestações internas, sobretudo dos grupos etários mais jovens e das repercussões para toda a Europa e, em parte, para o mundo devido à disrupção das cadeias comerciais e económicas, aos movimentos livres de cidadãos e profissionais e da saída física de agências europeias localizadas no Reino Unido, como por exemplo, a Agência Europeia dos Medicamentos, atualmente localizada em Amesterdão. Neste caso, observou-se que a aplicação de instrumentos democráticos tendeu a não favorecer a evolução para uma governação multinível, integrada com partilha das responsabilidades entre espaços soberanos e criam melhores condições para satisfazer as necessidades dos cidadãos em prol de uma vida com qualidade e bem-estar. Tal não aconteceu por se ter usado instrumentos democráticos, mas pela narrativa e influência de opinião pública a partir de um grupo fechado de pessoas cujos interesses não se encontravam alinhados com os da maior parte da população, enquanto tentavam preservar os seus próprios valores, nomeadamente, interesses comerciais e identitários. Considerando a União Europeia, evidentemente, como uma das organizações mais avançadas e complexas do mundo, o *Brexit* foi um exemplo e uma chamada de atenção para que mesmo nestas organizações tão dinâmicas, democráticas e, tendencialmente, estáveis, do ponto de vista de conflitos armados e estabilidades políticas, continuam a existir fatores ameaçadores à fragmentação, devido aos interesses comerciais e corporativos que moldam e influenciam, significativamente, os modelos de governação multiníveis atuais.

Adicionalmente, salienta-se que os princípios base da União Europeia em termos do respeito pelo Estado de Direito e pelo mercado interno são, muitas vezes, conflituantes, nomeadamente, quando se discute os valores de solidariedade e de confiança[24, 33, 120]. Numa governação multinível em que há partilha de relações e de competências, com base em instrumentos e práticas diplomáticas, com embates e concessões negociais, preservar os princípios e valores base têm sido um verdadeiro desafio pela complexidade do mundo e pelas ameaças continuamente expostas. Tal verifica-se não só fora da União Europeia, como entre os seus Estados-membros, nomeadamente as políticas partidárias da Hungria, em torno das liberdades individuais, independentemente das orientações sexuais ou as tendências de controlo dos órgãos de comunicação social. Ainda, na Polónia cujo sistema judicial esteve próximo de ficar sob a alçada do governo executivo, não respeitando a soberania do próprio órgão judicial, tendo mesmo sido alertada para a má conduta pela Comissão Europeia. Apesar das dificuldades, é nas diferenças que a União cresce e o bloco procura assumir uma posição de maior liderança global, a par dos grandes atores como a China e os Estados Unidos da América que, apesar das suas governações multiníveis internas, têm maior dificuldade em se rever nessa partilha de competências em fóruns multilaterais.

A União Europeia, tal como as demais organizações intergovernamentais, rege-se por tratados que foram acordados pelos Estados-membros, os quais representam a suas respetivas populações. Estes tratados, enquanto instrumentos muito importantes na regulação da governação multinível existente na União Europeia, enquadram as competências e as funções que cada nível está autorizado a exercer, não ultrapassando as constituições dos respetivos países. Mesmo que estes não sigam estes valores, no limite, são excluídos desta organização ou, antes de chegar a tal ponto, são-lhes aplicados outros métodos de regulação do Estado de Direito, através de alertas formais ou sanções financeiras, em termos dos apoios comunitários concedidos[33]. Estes pontos são importantes no enquadramento de qualquer organização acima da soberania das nações, como anteriormente discutido. Na prática, a representação é feita apenas pelos governos que participam diretamente junto destas organizações, sendo a representação do povo feita de forma indireta pelos seus representantes, democraticamente, eleitos ou não. Este facto é particularmente relevante para os mandatos que são concedidos a estas organizações, em termos das suas funções e capacidades e, como falaremos adiante, a atribuição de responsabilidades legitimamente aceites. Na União Europeia, entre os seus órgãos principais, além da Comissão Europeia, Conselho Europeu, Parlamento Europeu e Conselho da União Europeia, o Tribunal Europeu é responsável pela verificação e controlo judicial e legal da aplicação dos tratados, sendo essencial na deliberação de decisões, quando disputas acontecessem na aplicação de instrumentos legais europeus, disputas, essas, que podem ir desde os cidadãos europeus contra determinadas instâncias europeias ou Estados-membros ou entre governos e instâncias europeias. Nesta malha governativa, em última instância, surge a discussão sobre o tipo de democracia que é, efetivamente, praticada a nível da União Europeia. Se, por um lado, os membros do Parlamento Europeu são eleitos por sufrágio direto pelos cidadãos com nacionalidade em qualquer Estado-membro integrante da União Europeia, a Comissária Europeia e todos os membros do colégio da Comissão Europeia são nomeados pelos governos dos respetivos Estados-membros o que representa uma falha na democracia direta, na perspetiva dos seus cidadãos. A questão em particular impõe-se quando decisões tomadas pela Comissão Europeia, apenas, podem ser diretamente avaliadas e julgadas pelos Estados-membros e demais órgãos Europeus, tendo em linha de conta a existência de competências e não, necessariamente, as funções governativas.

Outro ponto relevante é a capacidade legítima da representação global pela União Europeia, em nome de todos os cidadãos europeus (alias, um termo não reconhecido do ponto de vista jurídico, apenas do ponto de vista conceptual). Após a pandemia da covid-19, a União Europeia, em particular a Comissão Europeia a partir dos serviços de ação externa, procurou reforçar o seu envolvimento num conjunto de matérias globais, desde a área da segurança até à saúde. Recorde-se que o tratado pandémico, atualmente em negociação, foi proposto pelo presidente do Conselho Europeu, sendo que, numa fase inicial, grande parte dos países da União Europeia ainda se encontrava relativamente cético sobre a necessidade e importância deste instrumento para a governação da saúde global. Neste âmbito, a União Europeia já assumia um papel de coordenação e harmonização de posições em contexto multilateral, por exemplo, através dos discursos e direções de decisão ou de voto, entre os vários Estados-membros da União Europeia, no âmbito da Assembleia Mundial de Saúde ou do Conselho Executivo, da Organização Mundial de Saúde, além de se fazer representar como observador nestes órgãos governativos. Assume, também, posições de liderança na negociação e redação de resoluções a apresentar nestes órgãos governativos das organizações internacionais e aloca recursos financeiros a organizações não governamentais, com ação não só interna, mas, também, externa[12, 99, 118].

Naturalmente, quando se discute uma governação multinível e multilateral, sobretudo, incluindo o nível internacional, as prioridades de política externa dos países e da União Europeia podem nem sempre ser concordantes, o que cria situações, diplomaticamente, sensíveis que, dependendo da sua força externa, poderão influenciar ambos os níveis ou nem chegar a existir consenso. Ainda na componente de representação democrática ao nível da União Europeia, a representação e organização político-partidária, com todos os defeitos que os modelos de definição de direita e esquerda têm, também têm um grande impacto, uma vez que a sua organização Europeia pode não seguir o mesmo formato que nos parlamentos nacionais, havendo, por vezes, tanto agregações como desagregações de partidos políticos, sendo que as famílias políticas na União Europeia seguem uma tendência mais agregadora. Assim, à medida que exploramos a União Europeia, enquanto organização complexa intergovernamental e com cerca de sete décadas de existência, verifica-se que a capacidade de participação e, naturalmente, as suas consequências, em termos de transparência na forma como os órgãos europeus são efetivamente eleitos ou nomeados, até que ponto podem estes serem legítimos na assunção e apropriação de medidas que afetam a vida das pessoas. Se os governos, nos modelos de governação atuais, também tendem a desvirtuar as necessidades das pessoas, procurando constantemente reenquadrar os problemas sociais e públicos de acordo com o discurso público, e medidas concretas dirigidas às necessidades das pessoas, é esperado que a nível da Comissão Europeia, qualquer uma destas medidas não vá surtir os efeitos pretendidos. Desta feita, a população tenderá, novamente, a questionar os governos dos seus próprios países. Não fazendo uma análise ao processo em si mesmo, ou seja, desvantagens e benefícios, o modelo governativo subjacente torna-se potencialmente especulativo e, assim, poderá traduzir-se numa menor confiança pelos cidadãos, se não houver retornos concretos para este[11, 122]. Como se tem observado ao longo do tempo, numa governação multinível, em que a participação democrática tende a ser desigual, também o é na apropriação dos resultados políticos obtidos. Neste campo, os países tendem a invocar, para si mesmos e junto das suas jurisdições, os louros conseguidos com determinadas políticas, quando estas dão origem a resultados que favorecem a sua popularidade e, controversamente, a atribuir as culpas aos órgãos da União Europeia, quando os recursos são escassos ou foram erradamente alocados perante as necessidades da população. Estes pontos de desvantagem na governação multinível, também, não favorecem o papel da União Europeia, pese embora aquele com maior mandato, até pelo processo legislativo a este nível e pela importância que tem nas decisões de todas as leis produzidas que é o Parlamento Europeu. Como dito, o facto de ser eleito por sufrágio direto, de uma perspetiva teórica, torna mais próxima as relações com a população e a defesa dos seus interesses e direitos. No entanto, se já no nível nacional se denota, ainda, uma distância tão significativa entre os deputados parlamentares e as pessoas que estes representam, mais, então, esta acontece quando a barreira geográfica se torna verdadeiramente um desafio, além das barreiras do tempo, vontade e capacidade.

Assim, compreender uma governação multinível, sobretudo ao nível da União Europeia, não se traduz, necessariamente, num sistema vertical hierárquico, mas, antes, um chapéu de enquadramento, que dependendo dos casos, estes podem ter força de lei, que no cumprimento do Estado de Direto, ditam as boas regras que os seus Estados-membros devem seguir, mas que perante a contestação social não se encontra ligação direta com aqueles que tomaram tal decisão. Este processo é transversal a todas as organizações internacionais, com as respetivas dificuldades, desafios e desvantagens a multiplicarem-se, com maior ou menor complexidade. Uma vez mais, à medida que se desafia o *statu quo* dos modelos de governação atuais e se pensa em novos formatos de organização social, para que sejam mais prósperos e para que melhor satisfaçam as necessidades de saúde da população, talvez exista espaço para melhorar as formas de participação efetiva e de uma democracia plena que teima em manter-se afastada por diversos motivos. Desde a aparente falta de eficácia no desenvolvimento de políticas e pela necessidade de rapidez que, como discutido no último capítulo, o modelo de pensamento linear se torne demasiado curto e pela evolução para um modelo de pensamento complexo, poder-se-ia não só conceder mais competências aos órgãos da União Europeia em diversas matérias, como alterar o funcionamento de forma a permitir linhas mais diretas de democracia, que, apenas, enriquecem o papel de todos os seus atores. A combinação de fatores e a sinergia entre os vários órgãos de soberania poderá, também, ser aprofundada e melhorada, numa perspetiva de literacia política e democrática que todos os cidadãos devem ter. Em plena transição digital, recorrer a instrumentos que facilitam este acesso e diminuam barreiras geográficas, que aumentam canais públicos de participação e maior capacidade de apropriação das medidas e das políticas de complexidade, que garantem a liberdade individual numa coletividade de qualidade de vida e bem-estar, são, naturalmente, desígnios que não devem ser ignorados em novos modelos de organizações sociais que possam vir a ser construídos ou reforçados. A União Europeia e, em particular, os seus órgãos dependem, obviamente, do espaço de manobra que os Estados-membros lhes concederem, mas, também, dependerá do espaço que os cidadãos e movimentos sociais estiverem dispostos a conceder e a fomentar.

Em sequência do enquadramento que a governação multinível poderá ter, não se pode esquecer que a liberdade de atuação legal depende não só das cedências que os Estados soberanos concedem, mas também das competências que estes órgãos supranacionais acumulam e a margem de manobra concedida aos executivos nacionais. Salienta-se que tal se manifesta, em muitos casos, como uma consequência positiva da sustentabilidade das organizações internacionais, ao fazer cumprir o Estado de Direito e o respeito pelos Direitos Humanos[120]. Verifica-se, agora, que o sistema internacional de segurança, patente no Conselho de Segurança das Nações Unidas, encontra-se enviesado na garantia dos fundamentos e normas, que deveriam conseguir assegurar o cumprimento dos instrumentos que protegem e promovem a vida e bem-estar da população mundial. O enquadramento legal supranacional dependerá sempre, em última instância, do reconhecimento dos Estados soberanos pelo Direito Internacional, o que, ao longo da história, vários exemplos têm demonstrado como a dependência de fatores contextuais e contextos políticos, sociais e económicos, fazem aumentar ou diminuir a necessidade ou vontade do respeito por tais condutas. A partir da compreensão da capacidade do funcionamento dos modelos de governação multinível, as respostas que são implementadas, através das decisões tomadas pelos vários atores, a sua apropriação, respeito, aceitabilidade e aplicação, constituem o poder dos determinantes políticos em prol da saúde e bem-estar das populações. As políticas, da língua inglesa *policy*, são, então, as decisões tomadas por órgãos soberanos, que irão ter impactos coletivos nas populações sob as suas jurisdições. No entanto, como sabemos, muitas destas políticas terão, também, efeitos indiretos noutras populações, tanto pela adjacência dos territórios e dos impactos nas populações transitórias, como nos efeitos de *spillover* de outros órgãos soberanos e das suas populações, em termos de reflexão sobre as necessidades iguais e os resultados que se pretendem obter. Vários são os exemplos descritos e analisados num grande corpo de literatura em como se pode ver, quando governos locais decidem diminuir ou aumentar a taxação de propriedades ou no acesso a bens básicos como água de saneamento, o que provoca reações não só nas próprias populações, como nas adjacentes que procuram usufruir de tais benefícios. A partir destes exemplos, pretende-se concluir que a governação multinível em todas as dimensões e componentes que os aspetos da governação têm, desde a participação, inclusão, transparência e responsabilidade, traduzem-se em diferentes graus de capacidade de satisfação das necessidades da população.

Assim, o conceito de respostas flexível vai no sentido de aplicar políticas de complexidade adequadas às necessidades individuais e populacionais das comunidades em que são servidas. Ou seja, perante riscos que são semelhantes entre células de divisão administrativa, as respostas são, igualmente, comuns e devido à força de poder que é exercida centralmente (diga-se, supranacional), por exemplo, em torno da regulação das empresas transnacionais, espera-se que vá satisfazer as necessidades da população como um todo. No entanto, por outro lado, e considerando o desejo e a narrativa que têm sido defendidos em torno do valor das comunidades e das mudanças ao modelo governativo atualmente em vigor, riscos que são específicos destas comunidades precisam de ser abordados em proximidade, de forma a satisfazer com a maior efetividade possível estas necessidades[24, 89]. De uma perspetiva do combate às desigualdades até ao limite do que é compreendido pela justiça social em cada contexto, é também essencial esta flexibilidade, sem se perder as noções de integração e alinhamento necessários. Além das conceções de verticalidade e horizontalidade, as dimensões diagonais são essenciais em garantir a aplicação de valores comuns, sendo esta um dos principais desafios das respostas flexíveis em contexto de governação multinível. Este modelo de pensamento, no seguimento do discutido no capítulo anterior, consiste na intenção de adequar as políticas a cada nível em que são elaboradas e implementadas, estando relacionadas com a capacidade em maximizar a satisfação das necessidades, numa lógica de que «nada se perde, nada se cria, tudo se transforma». A energia, seja esta cognitiva, física, social, que se aplica na diferenciação e adaptação aos contextos e realidades de cada pessoa e respetiva comunidade em que esta se integra e à própria comunidade como valor coletivo, é um dos paradigmas que estes modelos de governação pretendem dar resposta[13, 56, 57]. Naturalmente, tal como discutido anteriormente, observa-se imensas barreiras à implementação efetiva de tais formas de atuação e organização social, sendo que as partilhas de poder e adaptação dos atores económicos aos novos formatos ocorrem a uma velocidade superior àquela em que os enquadramentos legais permitem modificar ou introduzir as novas realidades. Outro ponto relevante, de forma a diminuir o enviesamento habitual na definição de tais políticas, é a melhor caracterização das necessidades da população. Para riscos comuns e transversais a todas as populações, essa caracterização torna-se mais simples, por um lado, mas também mais vulnerável à manipulação por interesses não alinhados com a população, por outro. A proximidade às populações pressupõe a participação e auscultação destas no entendimento destas necessidades e a desagregação, através da capacidade dos instrumentos tecnológicos atualmente disponíveis, para adequar as respostas da melhor forma aos indivíduos, grupos e populações no seu geral. A disponibilidade destes mecanismos e ferramentas são essenciais e têm sido alvo também, de várias barreiras na sua operacionalização, com naturais dificuldades na implementação de tais modelos. Para terminar, as formas de resposta flexível existem numa necessidade de ter em consideração a concordância e alinhamento com os sistemas sociais de cada Estado e a forma como os fluxos de financiamento condicionam, no modelo económico atual, a capacidade dos governos, aos vários níveis administrativos, de modo a conseguirem integrar-se com estes sistemas. Em particular, verifica-se a necessidade de manter a governação destes sistemas a nível nacional, com orientações supranacionais, mas, ao mesmo tempo, criar condições decentralizadas para captar estas necessidades, que irão permitir maior equidade social entre as populações. O maior desafio que surge nestes modelos, atualmente, mantém-se na responsabilidade, sobretudo quando esta é partilhada entre tantos atores a diferentes níveis.

Regressamos, assim, a uma das principais componentes que temos vindo a discutir ao longo deste livro e está relacionado com a responsabilidade e como esta é partilhada, desde os cidadãos aos profissionais, gestores e políticos. Destacando os benefícios que uma governação multinível tem para uma resposta flexível, baseado em políticas de complexidade, a forma de distribuir a responsabilidade pela implementação e pelos resultados obtidos tem-se afigurado um verdadeiro desafio. A falta de dados, e consequente transformação em informação, tem sido uma das razões recorrentemente apontadas, sendo que a revolução digital poderá apoiar na tradução desta informação em conhecimento para a ação. Ou seja, compreender como atribuir essa mesma responsabilidade, pese embora este desafio esteja, também, dependente de uma causa menos palpável e relacionada com a apropriação dessa responsabilidade. Os grupos populacionais e políticos têm tido uma incapacidade em argumentar e, sobretudo, reconhecer a sua cota parte de responsabilidade quando as implementações não acontecem ou quando os resultados obtidos não estão de acordo com o esperado. As relações com as instituições públicas, que definem as qualidades governativas de um Estado, têm sido uma das razões que levam, muitas vezes, ao conflito de interesses e de intenções na atribuição de tais responsabilidades. Adicionalmente, a ausência de resultados tem sido, também, uma zona cinzenta de verificação e apropriação de responsabilidade perante ações não concretizadas. Quando estas são positivas observa-se o contrário, isto é, uma tendência à sobre apropriação dos resultados, muitas vezes, por algo que não é totalmente imputável àquele ou àqueles que se destacam a reclamar os seus feitos.

Neste sentido, num modelo de governação que está preparado para os desafios atuais e do futuro em prol do bem-estar da população, é essencial que, *ab initio*, seja clarificado e identificado como as responsabilidades são alocadas e as consequências, positivas e negativas, das ações realizadas e resultados atingidos. Por exemplo, tem sido reclamado que, nas relações dos Estados-membros e nos órgãos da União Europeia, quando as medidas implementadas pela Comissão Europeia, sobretudo aquelas que são legalmente vinculativas e se traduzem em bons resultados para a população e, ao mesmo tempo, uma boa perceção e opinião pública, os governos nacionais tendem a apropriar-se dessas medidas, de forma a promover a sua satisfação junto do seu eleitorado. Aliás, essa é uma das razões que tornou obrigatório que todos os projetos financiados pela União Europeia, passassem a incluir a sua imagem identitária, de modo a garantir que a responsabilidade e maior visibilidade, também, eram a si atribuídos. Por outro lado, quando tragédias em termos acidentais acontecem, pela responsabilidade primária do Estado, enquanto figura não identificável, pela proteção da sua população, é habitual ocorrerem demissões ministeriais, no sentido da apropriação dessa mesma responsabilidade, pese embora o sentido é moral e não direto, porque em muitas situações depende de ações que ocorreram no passado distante ou, então, que não seriam evitáveis por qualquer manipulação antropogénica.

Em suma, ao analisar os potenciais benefícios de uma governação que considera vários níveis de decisão e procura alinhamento, sinergias e complementaridades entre estes, poderá trazer vantagens para as populações na satisfação das suas necessidades. Adicionalmente, potencia o combate às desigualdades ao considerar os diferentes riscos, as suas intensidades e as especificidades das respostas de acordo com os contextos, dirigindo assim os recursos e atividades aos vários subgrupos de pessoas e indivíduos. Numa lógica de pensamento complexo, a aplicação de respostas e medidas precisa, cada vez mais, de considerar os vários fatores que condicionam os resultados que se pretendem obter e alocar os recursos da forma mais eficiente e efetiva possíveis. A par de tal mudança conceptual, as responsabilidades precisam de ser melhor apropriadas e assumidas de forma partilhada, sendo um passo essencial na garantia do cumprimento dos direitos e deveres de todos envolvidos, no funcionamento do Estado de Direito e acrescentado o facto de que o cidadão se inclui nestes processos. Findo as várias conceções de desafios e possíveis respostas que poderão fazer emergir novas organizações sociais e modelos de pensamento, iremos analisar que futuro poderá ser construído e que soluções poderão ajudar a potenciar uma melhor governação para todos, sem deixar ninguém para trás.

Capítulo 10
O caminho da governação sustentável

Esta é a madrugada que eu esperava
O dia inicial inteiro e limpo
Onde emergimos da noite e do silêncio
E livres habitamos a substância do tempo

— Sophia de Mello Breyner Andersen, em *Obra Poética*

José Saramago descreve a viagem do elefante focando nas pegadas deixadas pelo maior mamífero terrestre, naquela que é a maior sala que os seres humanos conhecem, o planeta Terra, o habitat natural de todos os seres vivos até hoje identificados no Universo, onde deixam a sua pegada há milhares de anos. Trata-se da perfeita analogia de um elefante num local que não é estacionário, mas um contínuo movimento num sistema, em que as partes são afetadas e afetam as entradas (os recursos) e as saídas (os resultados), que se traduzem nos efeitos que, atualmente, os seres humanos, os demais animais, a vida marinha e os elementos naturais enfrentam, numa tentativa de alcançar os equilíbrios que melhor servem os interesses de todos. Tal como Carl Sagan referiu, somos «poeiras das estrelas», o que de uma perspetiva da unidade mais básica e universal da interdependência física e química vem refletir, ao mesmo tempo, a significância partilhada do ser humano neste complexo sistema natural do Universo. Apesar da evolução cognitiva que fez os seres humanos colocarem-se no topo da cadeia alimentar, descobrir e inventar um inúmero de bens e produtos que elevaram, consideravelmente, a qualidade de vida e a mudaram talvez de uma forma irreversível, tal não deixa de significar qual foi e é o ponto de chegada de todos os elementos que constituem o sistema em que nós vivemos. A viagem que cada uma faz e que, no seu somatório, representa a viagem do ser humano na Terra, tem aparentemente um ponto de partida, estando a chegada sempre por desvendar, enquanto, apesar de todos os eventos que ocorrem em torno desta, no final do dia, o que acaba por ficar marcado são, efetivamente, as pegadas dessa mesma viagem. Este ponto leva-nos, também, à dimensão temporal e à sua relação com as perceções conceptuais, físicas e cognitivas, incorporadas com os sentimentos e a razão que são, invariavelmente, intemporais. Observando, por exemplo, a contínua celebração de eventos marcantes na história da vida humana, como sejam através de feriados religiosos ou políticos, ou dedicados a personalidades de reconhecido mérito, que apesar de não terem existido com a maior parte das pessoas, há uma identidade coletiva da importância da manutenção dos valores e do reconhecimento das conquistas e culturas que, intemporalmente, se preservam. Na viagem o tempo acumula-se e dobra-se, apenas fazendo a história do ser humano parte da sua substância, não sendo mais uma conceção criada para uma ordenação individual da forma como se interpreta as velocidades a que os eventos da vida, consoante as perceções compreendidas, devem ser vividos.

Ao longo deste livro, as referências aos desafios, comportamentos, ações, consequências positivas e negativas não dependem assim tanto do tempo em que acontecem ou foram definidas, mas antes dos fatores acumulados ou da dificuldade em reverter aqueles que serão, em última instância, evitáveis. Enquanto uma das grandes aprendizagens da reflexão proporciona o caminho que fizemos até aqui, as suas mudanças não dependerão do dia, mês ou ano em que se pretendem que sejam feitas, mas apenas da vontade em fazê-las, tanto estejamos em plena primeira vaga da pandemia da covid-19 ou a meio de uma semana de férias em agosto. Tomando o exemplo artístico como um dos veículos essenciais na comunicação da realidade e das pegadas deixadas pelos seres humanos, várias formas de arte foram surgindo desde as pinturas rupestres à música clássica, escultura ou cinema enquanto projeção do grande ecrã. Estas procuram representar trechos de história baseada em eventos reais ou na imaginação que parte, também, dos princípios de vivência de quem cria a arte. O mesmo se aplica à inteligência artificial, enquanto método de aplicação e de simbiose com todas as artes até então existentes, com uma potencialidade, ainda maior, da captação cognitiva e da aprendizagem do ser humano, a par com a tecnologia e revolução digital impulsionada por este. Todas estas formas de representações são intemporais no seu todo, pese embora individualmente se tente localizar no que são os contextos em que são descritos, seja o passado, presente ou futuro. Na sequência do entendimento do que serão os modelos de governação atuais e futuros para o bem-estar das populações, as conceções que são realizadas pelos seres humanos ao longo da sua evolução no planeta Terra, definem os limites atuais e as barreiras a ultrapassar para o verdadeiro entendimento e apropriação da sustentabilidade como valor central da vida, não só como um conceito abstrato o qual se encontra em valores intangíveis e inatingíveis. De uma perspetiva ética e moral, que define os valores e, consequentemente, os contextos de aplicação na vida real, há modificações ontológicas na integração no planeamento das vidas de cada um na sua sustentabilidade, que tal como o respeito mútuo, compreensão do valor da autoridade ou tão simples como respeitar regras de trânsito, são desde já considerações implícitas no quotidiano de grande parte dos cidadãos.

Dos valores às sociedades, ao longo dos milhares de anos que separam as primeiras formas de organização social dos primeiros seres humanos e as formas atuais, em pleno século XXI, alterações profundas ocorreram sobretudo pelos fatores, tecnologias e instrumentos que ficaram disponíveis. Tal como vimos, não requer, necessariamente, que essas evoluções tenham tido um comportamento linear de um modelo pior para um modelo melhor. Pelo contrário, estas organizações sociais seguem antes um comportamento não linear, com muitos *outliers* e que, por vezes, as organizações sociais anteriores potencialmente teriam melhores consequências para as populações, do que aqueles hierárquicos e administrativos que atualmente são uniformemente aclamados como os mais indicados, baseados sobretudo nas conceções filosóficas da Grécia Antiga[5, 7]. Naturalmente, o valor da democracia não é o que está em causa, pois esse é a melhor garantia do respeito da liberdade de cada cidadão, mas antes o método em que aplicamos esse valor. No princípio de tudo, não se trata apenas de um conjunto de pessoas com menores capacidades cognitivas e menor experiência acumulada nas pegadas deixadas pelas coletividades, pois os estudos antropológicos têm trazido a descoberta e colocado, ainda, mais hipóteses sobre outras formas de organização social que, aparentemente, estão associadas a mais e melhores impactos positivos na vida dessas pessoas, caindo por terra muitas assunções que só recentemente foram tecidas por pensadores após a Revolução Industrial e o período do iluminismo[55]. O contraste de realidades, através de um pensamento crítico sobre a informação que nos é ensinada e explicada nesta evolução, é essencial para abrir novos horizontes e possibilidades em modelos de organização social que não se fecham ou centram em Estados, nações e soberanias artificialmente criadas, com base em sistemas fortemente hierárquicos, às quais são frequentemente fechadas portas no entendimento mais abrangente para uma maior satisfação das necessidades das pessoas. Neste caminho do elefante na sala, há muitos aspetos positivos que têm de ser retirados, aproveitados e impulsionados para manter um otimismo no que parecem ser crises sem fim a todas as escalas de vivência atuais.

A forma como os indivíduos e as populações percecionam a sua realidade e as condições a que estão expostas, têm vindo a criar dissonâncias cognitivas que impactam elevadores sociais e oportunidades de vida que satisfaçam as suas ambições, e que num mundo altamente digital e conectado pela Internet e redes sociais, impulsionam, ainda mais, as diferenças entre o que está disponível e o que seria desejado. Os movimentos sociais que vão surgindo em diversas partes do mundo têm âmbitos, fundamentos e consequências variadas, mas, como tronco comum, surgem da vontade do respeito por determinados direitos individuais com base em coletividades organizacionais, as quais impulsionam as suas vozes para melhor serem ouvidas. Discutimos as lutas contínuas pelos direitos das mulheres, em que à custa da própria vida lutam contra o regime iraniano, ou contra tiranos privados que utilizam o seu poder e influência para manter o silencio e o *statu quo* nas suas aparentes lideranças e benesses para o mundo. Por outro lado, verificamos como as organizações internacionais tentam romper ou navegar nesses desafios das organizações sociais, muitas vezes, alienados das pessoas como um todo, tornando difícil fazer vingar a sua legitimidade e tornando-se assim vulneráveis às influências daqueles que lutam pelos seus interesses, muitas vezes contrários, aos interesses da população no geral.

Após tanto tempo em que os sistemas educativos, formais e informais, alimentaram e, igualmente, suprimiram capacidades de pensamento críticas e disruptivas, levaram à consciencialização de princípios ontológicos e epistemológicos de que podem ser reversíveis e, acima de tudo, com melhores e maiores consequências positivas para a qualidade de vida e bem-estar das pessoas. As suas perceções podem, deste modo, mudar e a conexão digital ser um veículo impulsionador destes movimentos, com base em valores de respeito, como por exemplo se viu nos movimentos da Primavera Árabe, no Egipto, em que a grande revolução teve início em movimentos numa rede social, sem qualquer base de uma organização ou associação que, formalmente, a promovesse[119]. Estes impulsos podem, efetivamente, contribuir para mudanças estruturais, que uma vez mais não dependem dos tempos em que são realizadas, mas antes das pegadas que deixam na construção, na satisfação das necessidades das pessoas e, enfim, na mudança das suas perceções.

Neste caminho é importante, acima de tudo, compreender o início do mesmo e os riscos que as várias pegadas podem deixar, que não dependem apenas de quem pisa, mas também do solo que é pisado e das condições meteorológicas que permitem deixar uma maior ou menor marca e, inclusivamente, do tempo que esta perdurará. Antes de cada passo dado, observa-se um conjunto de fatores que podem ser explicativos e/ou preditivos dos resultados, mantendo-se no campo da incerteza que deve ser compreendida, comunicada e gerida. A perceção do risco é um dos fenómenos mais complexos e heterógenos entre e para os indivíduos de uma mesma população e, consequentemente, de toda as cadeias hierárquicas em que as organizações sociais se baseiam hoje[57, 124]. Se, por um lado, a decisão de seguir certa direção ou certo meio de transporte irão depender, essencialmente, do conhecimento e experiência acumulados por cada pessoa, a regulação e definição dos prémios a serem pagos pela contração de um determinado seguro, dependerá já de um conjunto de variáveis que as respetivas agências e sistemas bancários utilizam para, dentro de uma média, tentar prever os vários cenários que podem acontecer nessa mesma atribuição. Tal como procuramos descrever anteriormente, compreender não só a noção de risco para criar modelos de governação que são mais proativos do que apenas reativos, aos eventos que já ocorreram, mas, também, é essencial considerar e capacitar a forma como esse mesmo risco é percecionado e medido. Neste sentido, torna-se essencial que as populações compreendam que há várias etapas pré-determinadas antes dos eventos acontecerem, de uma forma coletiva e individual, não se demitindo do papel que, também, podem ter na alteração dos resultados a seu favor, naturalmente complementado por ambientes propícios e por informações e funções de situações que, regra geral, já são dadas como garantidas. Para tal e no decorrer da compreensão do pensamento sistémico, requer necessariamente uma combinação dos fatores individuais e sistémicos, influenciando também decisões que permitam a liberdade individual de cada um e a contribuição para um bem maior coletivo. Também aqui, os níveis organizacionais e sistémicos correspondentes aos decisores políticos e gestores empresariais e das demais organizações e entidades, devem considerar, ambos, os níveis de risco, e reconhecendo cada vez mais a interligação entre os vários fatores que determinam e influenciam o bem-estar das populações, além dos económicos, sociais e ambientais, terem em consideração todos os efeitos e externalidades que poderão advir dos eventos para os quais são considerados os riscos e gerida a respetiva incerteza a partir dessa informação.

Partindo da conceção e perceção do risco como ponto essencial para capacitar um modelo de governação adequado aos desafios que as sociedades atualmente enfrentam, é essencial considerar, também, uma mudança no ponto central dos atuais e clássicos modelos baseados num discurso económico com as repercussões que têm tido na redistribuição dos recursos pelos indivíduos e populações. A par dos avanços que têm sido visíveis em prol de um modelo económico para o bem-estar, estes, além de serem singulares, estão centrados apenas nos países de alto rendimento, sendo que do ponto de vista global, os sistemas financeiros internacionais estão completamente ultrapassados dado continuarem a expor, desproporcionalmente, as pessoas com menores capacidades socioeconómicas, não só ao nível dos países de baixo e médio rendimentos, mas mesmo nos grupos populacionais dentro dos países de alto rendimento. Observa-se, neste ponto, um crescimento no descontentamento social e na incapacidade de fazer face às necessidades da vida diária que urge ao repensar num novo sistema, num novo momento de *Bretton Woods*, em que o sistema seja claramente recentrado e equilibrado. Este equilíbrio tem de se fazer sentir em várias dimensões além das económicas e, sobretudo, deixar de estar refém dos poderes concentrados nas indústrias transnacionais ao nível dos diversos setores e sistemas bancários internacionais, que mantêm enormes influências de capital e de poder sobre os governos nacionais, as organizações internacionais e intergovernamentais. Considerando a centralização em modelos governativos que protegem e promovem a qualidade de vida e bem-estar das pessoas, grandes sistemas internacionais, como o da alimentação e da indústria das bebidas, incluindo alcoólicas, têm um papel e dever ético essencial na criação dos ambientes em que, diariamente, os cidadãos em todo mundo fazem as suas escolhas com consequências não só na saúde humana, mas também, animal e à custa dos recursos naturais do planeta. A desconsideração pelo cumprimento de objetivos sociais e ambientais, em que as decisões empresariais transnacionais e ao longo de toda a cadeia de abastecimento dos setores agroalimentares e de bebidas, é continuamente baseado nos lucros produzidos, independentemente das externalidades negativas produzidas e, sobretudo, dos demais atores que as absorvem. As consequências da insustentabilidade destas cadeias de abastecimento vão além das componentes ambientais, em que, ao mesmo tempo, criam enormes problemas de obesidades desde a idade infantil, em particular, nos países de alto rendimento, e causam tragédias de insegurança alimentar nos países de baixo e médio rendimentos, com inúmeras crianças subnutridas. Ainda de referir as demais consequências para o estado de saúde da população aliados aos perpetuados fenómenos demográficos, sociais e económicos que são causados. Naturalmente, estes problemas não são transversais a todos os atores do setor e observam-se outras mudanças na forma como as interfaces e decisões políticas são parte do problema e também da solução[22, 76, 125].

Devido às tendências de concentração de mercados e capitais, e efeitos de monopólio sobre todos os operadores, houve uma concentração de poder e jogo de forças e, que os Estados, individualmente, sentem dificuldade e são vulneráveis às suas influências. De forma a proteger as pessoas, os animais e à atuação dentro dos limites do próprio planeta Terra, as mudanças do modelo económico na governação alinhada com os interesses das pessoas é essencial para garantir a sustentabilidade social, económica e ambiental, diminuindo-se as barreiras da inovação em torno de melhores respostas que satisfaçam as necessidades de todos os cidadãos, sem exceção.

Os instrumentos de governação que regulam e definem as barreiras dos sistemas que constituem as sociedades surgem, assim, como pedras basilares na garantia de acesso e de iguais oportunidades para todos. Tal como discutimos, a definição e constituição dos sistemas sociais e de saúde são atualmente grandes salas onde o elefante se encontra, quando se enquadram as discussões político-partidárias que aplicam lentes diferentes na conceção destes mesmos sistemas. Apesar dos desafios tenderem a ser os mesmos, ao longo dos anos, os métodos e instrumentos foram-se alterando, sendo que estes foram moldando a forma como os recursos, atividades e resultados são processados, compreendidos e obtidos. Estes sistemas construídos com base em valores de solidariedade e universalidade foram sendo modificados, muitas vezes implicitamente por decisões políticas nem sempre alinhadas com a real manutenção e preservação destes valores. Em termos de representatividade é sempre importante recordar que aqueles com menores condições e oportunidades tendem a ser os que têm menos voz, sendo, então, ainda, mais relevante os valores descritos, tendo em conta, precisamente, a finalidade de garantir o acesso a todos por igual. Assim, os sistemas de saúde e sociais, apesar de abordados de forma separada, precisam de ser mais integrados e considerados em termos de investimento e o seu retorno para a sociedade como um todo, não só a nível de objetivos de saúde e sociais, mas também, económicos e até ambientais, para garantir que todas as pessoas individual e coletivamente têm a melhor qualidade de vida e bem-estar. Apesar das especificidades técnico-científicas subjacentes às diversas operações que ocorrem nestes sistemas, em particular, no sistema de saúde, os modelos de governação não devem estar fragmentados ou divididos em silos, algo que tem sido recorrentemente argumentado como uma falha estrutural no cumprimento das finalidades dos sistemas sociais.

Num sistema de saúde, em particular, a compreensão do acesso à saúde, de uma perspetiva constitucional e a garantia da cobertura universal da mesma, como desígnio global definido pelas Nações Unidas, poderá ser adotado à luz de um modelo conceptual que vai muito além da prestação de cuidados de saúde individual, para uma integração não só mais horizontal em conjunto com a comunidade, incluindo os vários fatores ambientais, sociais, económicos, políticos e culturais que definem os ambientes em que as inúmeras escolhas dos cidadãos são realizadas, a par da forma como a exposição a estes riscos está distribuída na população, condicionando a equidade em saúde. Os sistemas de saúde, após o choque enfrentado pela crise económica que provocou enormes défices tanto do lado da oferta como da procura e, mais recentemente, pelos impactos da pandemia da covid-19, nomeadamente, na sua força de trabalho, precisam urgentemente de serem transformados em duas dimensões essenciais. Os seus modelos de governação têm de, por um lado, compreender os fatores políticos subjacentes, designadamente, pelas tendências neoliberalistas de privatização do setor da prestação de cuidados de saúde, com enfoque, apenas, na eficiência sem considerações pela efetividade. Ou seja, precisa de assumir que haverá sempre ineficiências (a curto prazo) para ganhos em saúde na população a médio e longo prazo e que as dimensões da qualidade na prestação de cuidados, com maior recursos para a força de trabalho, ainda que ao mesmo nível de produtividade, tragam garantias de que o acesso adequado e a correta utilização dos serviços de saúde aconteçam, considerando os resultados em saúde, de uma perspetiva populacional e não, somente, individual. E, nesta sequência, urge compreender os sistemas de saúde como um setor que impulsiona ganhos societais que não só transcendem o fator cuidados de saúde curativos, mas abrangem a sociedade e todos os demais determinantes sociais. Neste campo, considera-se as componentes de abordagem populacional na concertação de prioridades e de parcerias em prol de objetivos de saúde comuns, que não podem apenas ser modificados dentro dos serviços de saúde propriamente ditos. Esta maior abrangência terá, necessariamente, de ter dupla direção, tanto local como internacional, ao assumir níveis supranacionais como aqueles mais bem colocados para responder aos desafios globais e cujos responsáveis, também, atuam a níveis supranacionais. Naturalmente, na base de uma transformação dos sistemas de saúde desta natureza emergem as vantagens da revolução digital, ao permitir que os dados e informação seguem cada cidadão e cada comunidade e, por isso, as abordagens fragmentadas de instrumentos como os sistemas de informação não estão adaptados às realidades das populações e a uma necessária maior articulação entre todos os atores que influenciam e são influenciados pelos sistemas de saúde. As finalidades de ganhos de resiliência, de saúde e maior equidade dependerão, em última instância, de escolhas políticas, sobretudo a nível dos órgãos de soberania nacionais, mas de forma a fazer frente às necessidades atuais e aos potenciais riscos que novas emergências de saúde pública colocam às populações, o que se trata verdadeiramente do cumprimento dos Direitos Humanos na proteção da saúde e bem-estar de todos os cidadãos.

Os países de baixo e médio rendimentos carecem ainda de uma transformação mais profunda na forma como os sistemas de saúde são reforçados, estando neste momento altamente dependentes de ajuda externa, muitas vezes, verticalizada e com base em relações bilaterais assentes nas prioridades de política externa ou, então, de organizações internacionais, filantropias e outros dadores globais cujos projetos e programas são temporalmente curtos e altamente dirigidos a doenças particulares ou fatores de risco. As transições democráticas devem ser acompanhadas pelas transições institucionais na área da saúde, assegurando as condições necessárias a um sistema de saúde universal e gratuito que permita o acesso a todos, incluindo a dotação orçamental pública adequada de recursos humanos e medicamentos. É, assim, uma vez mais visível os efeitos das pegadas que o caminho para uma governação mais integrada e solidária, a nível internacional, pode trazer benefício para todos os países e sociedades. Fazendo a ponte com os demais sistemas sociais, em particular, aquele que se ocupa de satisfazer as necessidades mais básicas das populações, além das de saúde, o mesmo princípio se aplica às crescentes necessidades em todo o mundo, fruto do aumento da longevidade e do aumento das desigualdades sociais. O setor social, em particular, deve, tendencialmente, cada vez mais ser integrado com o setor da saúde, de forma a responder continuamente e compreensivelmente a todas estas necessidades, dado ser uma área em que o objetivo dos setores com fins lucrativos não se adequa em termos de objetivos primários com os objetivos sociais. Além disso, de forma a integrar aqueles, que por natureza e condição de saúde, não têm as mesmas possibilidades, o que requer abordagens puramente de solidariedade que vão além de atos altruístas ou singulares que não se adequam às necessidades ao longo do ciclo de vida. Com uma maior expressão neste ciclo de vida, o mercado laboral, também precisa de ser melhor protegido e não deixado à mercê das circunstâncias que as fracas regulações permitem, e exceções que condicionam a sobrevivência das pessoas nos seus locais de trabalho, tanto sem capacidade de poder procurar melhores locais como ter oportunidades profissionais que se adequam às suas aspirações. Se bem que é necessária uma força de trabalho que permita responder a todas as necessidades laborais da sociedade, também é possível que esta não esteja restrita ao mesmo tipo de trabalho repetitivo, sobretudo nas áreas de produção em que os direitos são, muitas vezes, pouco reconhecidos e explorados, incluindo áreas de trabalho sazonal ou por via de instrumentos legais pouco claros ou inexistentes. A acumulação de riscos, ao longo da vida, a par de elevados níveis de insatisfação relacionados com uma perspetiva de vida que não parece criar melhores condições a curto, médio e longo prazo, está a afetar desproporcionalmente as pessoas em menores condições socioeconómicas e a contribuir para o aumento das desigualdades. De uma perspetiva global e solidária, é essencial garantir mecanismos e regulações mais fortes, sobretudo em sede das organizações internacionais responsáveis pelas áreas de comércio, investimento e do trabalho que irão, posteriormente, criar os enquadramentos necessários tanto para os países como para as empresas em todo mundo.

Neste modelo de governação sustentável, não será possível ignorar a ameaça das alterações climáticas por efeitos antropogénicos que teimam a não serem considerados como máxima prioridade, apesar das crescentes reivindicações sociais, alertas da sociedade científica e até de diversas organizações internacionais, notavelmente, a secretária-geral das Nações Unidas. Os limites planetários estão a ser completamente ultrapassados, com atropelos às biodiversidades, incapacidade de preservação dos elementos naturais e ativa destruição dos fatores que permitem a vida possível no planeta Terra. A maior parte destas causas advêm dos modelos de negócios atualmente em vigor e que emergiram com a Revolução Industrial, em que a importância dada aos lucros obtidos é feita, quase sempre, com a custa dos elementos sociais e ambientais. No limite, neste caso, serão todas as populações afetadas incluindo os indivíduos e grupos que propagam narrativas anti-climáticas ou a favor de manter o *statu quo* nos modelos empresariais que exploram os recursos naturais do planeta em prol dos lucros desproporcionais à sua distribuição. A incapacidade de atuar de forma urgente e concreta está, efetivamente, a criar um sentimento de perda de confiança sobretudo nos grupos etários mais jovens, uma vez que estes sentem que os seus futuros estão a ser postos em causa devido aos interesses de alguns. O ritmo de desflorestação global, o consumo crescente de combustíveis fósseis, a perpetuação de um sistema agroalimentar com prejuízo para o ambiente, animais e trabalhadores, a atribuição de responsabilidades ao indivíduo e a deturpação ou negação da evidência científica que vai sendo produzida, são fatores críticos que têm condicionado ativamente os valores do ser humano e o seu papel no mundo. Apesar dos esforços concentrados em cimeiras globais para o ambiente, fica bem patente que perante o modelo de governação atual, os compromissos assumidos nestes encontros entre governantes e atores empresariais são tão voláteis como os períodos de quem governa. Veja-se o exemplo da saída do Acordo de Paris pelos Estados Unidos da América, aquando da mudança de ciclo presidencial ou das modificações do acordo final da COP26 impostas pela Índia de forma a excluir o carvão dos compromissos a assumir[108]. Naturalmente, está em causa a preservação de interesses políticos de curto prazo, sem pesar as consequências a médio e longo prazo. A discussão da sustentabilidade de sistemas sociais e dos valores de redistribuição são inócuos, a não ser que o planeta altere tanto a sua morfologia que venha a impactar a forma de vida como atualmente é conhecida. Um novo modelo de governação para um futuro sustentável tem de ter uma pegada ecológica significativamente muito maior do que aquela que hoje vai deixando, por iniciativas que, apesar de positivas, se encontram muito aquém das necessidades. Além disso, a urgência climática é um dos fatores que mais está a contribuir para disrupções sociais, de forma direta e indireta, ao deslocalizar pessoas em todo o mundo, contribuindo, desta feita, para a insegurança alimentar e ameaçando migrações em massa com consequências para os países de origem e de destino, traduzindo-se na erupção de movimentos políticos populistas que são alimentados a partir das insatisfações sentidas pelas pessoas, as quais no seu âmago, também, não contribuem em nada para a sua resolução e são, paradoxalmente, os partidos políticos alimentados pelas mesmas pessoas que estão a causar os problemas em primeiro lugar. Neste sentido, há deveras dois vetores que neste caminho de futuro é preciso ter em consideração para as mudanças societais organizacionais, sendo uma de natureza ontológica na definição do pensamento que o ser humano tem de assumir e outra de natureza estrutural na compreensão de como os níveis de governação têm de ser integrados para além das responsabilidades partilhadas assumidas.

Quando o movimento acontece, este deixa marcas através de pegadas que, como referido, serão influenciadas por vários fatores que não dependem, apenas daquela que forma o sulco na terra. A linearidade da compreensão desse fenómeno direto tem sido a barreira do pensamento, em que a Revolução Digital, somente, veio acelerar e tem sido vincada, por longos anos, de dissonância cognitiva na forma de traduzir as necessidades das pessoas. Por um lado, procura focar no indivíduo como se este vivesse isolado, sem compreender que este faz parte de um sistema totalmente conectado e que os seus atos terão consequências em várias partes do sistema, daí a expressão de Edward Lorenz, em que, metaforicamente «o bater das asas de uma borboleta no Brasil pode causar um furacão no Texas». A pandemia da covid-19 fez emergir estes sentimentos desconexos e a falta de compreensão pelo próximo e do valor do coletivo, como se observou nas contestações sociais das medidas de saúde pública cujo objetivos iam além do próprio indivíduo, estando, também, a par das quebras de confiança institucionais e da falta de tolerância pelo contraditório em todo o mundo. A crise de valores, as formas de manifestar as emoções e a razão estão interligados com as formas de linearidade de pensamento que procuram resultados simples de causalidade e de respostas imediatas em detrimento de problemas complexos. Assim, é pertinente introduzir a relação entre o pensamento linear e sistémico, em que não só são tidos em conta os impactos comunitários, coletivos, sociais e populacionais, como a compreensão do fenómeno do tempo, mesmo entre os modelos de organização social que temos em vigor. É essencial tornar-se aceitável que nem todas as políticas definidas têm de traduzir resultados a curto prazo, sendo a paciência e tolerância essenciais para a observação de resultados perante recursos alocados, os quais trazem melhores condições de vida num período alargado, evitando os efeitos contraditórios rápidos e desproporcionados que a vida diária alimenta e cujos meios de comunicação social (o «quarto poder soberano») influenciam. Trata-se, assim, de uma política de complexidade, em que os valores de participação são essenciais na forma como a apropriação é realizada e os compromissos sociais estão assumidos. Bem se sabe que no sistema financeiro internacional, estes modelos não se adequam e que a força e jogo de poderes que têm está bem acima de qualquer modificação individual, pelo que perante uma geopolítica fraturada e desafiante do sistema internacional atual requer coragem dos líderes de hoje e de amanhã. Esta mudança para a aplicação de um pensamento complexo dependerá, também, da capacidade dos sistemas educativos conseguirem introduzir métodos e instrumentos que alavanquem às próximas gerações uma nova forma de pensar e atuar, o que requer tanto pequenos e grandes passos na forma como os problemas e as soluções são percecionados e respondidos ao longo do tempo.

Este caminho não se fará de um dia para o outro, até porque não seria coerente com as mudanças de pensamento descritas, mas deverá ter por base uma aplicação compreensiva de valores, normas e centralidades éticas que argumentam em prol de um novo paradigma que vai além dos valores económico-financeiros. A par desta transformação, as estruturas políticas e institucionais precisam, também, de se adaptar às forças e atores económicos que defendem e regem por regras que são contrárias àquelas para os quais um novo modelo de governação trará maior sustentabilidade social, económica e ambiental. Os desafios da soberania, da divisão das governações por setores e da responsabilidade partilhada necessitam de ser abordados de uma perspetiva complexa, em que a governação é tanto de uma perspetiva horizontal, ou seja, mais integrada e menos fragmentada por setores de governação, nomeadamente, naqueles que concorrem para os mesmos objetivos societais e mais verticalizada, na compressão em como os riscos e fatores protetores das populações as afetam de forma homogénea ou heterogénea de acordo com o nível territorial em causa. Anteriormente, procurámos dar um conjunto de exemplos em que estes riscos podem e devem ser abordados a nível supranacional, com o reconhecimento governativo e, sobretudo, democrático, das organizações internacionais e intergovernamentais e como estas acabam por se alinhar com os interesses de grande parte da população, no final dos processos negociação. Adicionalmente, aqueles que devem ser abordados de forma subnacional, de forma mais local e próxima das populações, para que sejam as necessidades satisfeitas de forma dirigida e concertada, aumentando, desta forma, a probabilidade de diminuir as desigualdades entre indivíduos e populações. Além disso, há um espaço de mudança e de manobra local em muitos dos fatores que condicionam atualmente os grandes desafios ambientais, sociais e de saúde, que podem e devem ser abordados a este nível. Procura-se, assim, uma resposta flexível a todos os níveis e que procure o balanço entre as necessidades individuais e coletivas, de acordo com as expectativas e os resultados esperados. Neste balanço, deverá, também, se reencontrar novamente o valor das comunidades, numa lógica de combinação e preservação da liberdade individual inserida no valor coletivo, com uma forte componente democrática. Sem esta componente, não há quaisquer modificações nas organizações sociais e nos modelos de governação que se pretendam modificar.

Assim, o caminho que percorremos neste livro não pretende ser exaustivo, mas, contrariamente, uma tentativa de captar os vários fatores que devem começar a ser pensados de forma compreensiva, se queremos criar um mundo melhor no amanhã. A história democrática e liberal abrangente a todas as pessoas, independentemente, das suas condições socioeconómicas, etnias, géneros, religiões e outras, é bastante recente para o ser humano contemporâneo, pese embora tal se tenha visto exemplos semelhantes ao longo de toda a história, mas sem, necessariamente, com uma abrangência global. Contudo, a forma de implementação tem sido ríspida e diferenciada, de acordo com interesses comerciais e políticos que nem sempre se alinham com as necessidades da população. As pegadas deixadas no caminho percorrido têm sido de aprendizagem, mas também, de disrupção negativa, que requerem um novo trajeto de forma a conseguir garantir um futuro sustentável. As perceções dos cidadãos, a apropriação de sistemas coletivos que protegem e criam ambientes favoráveis à vida no dia a dia e respondem às vulnerabilidades naturais do ser humano, a consciência coletiva dos limites naturais do planeta e os modelos de pensamento em prol de um respeito simultaneamente individual e coletivo, são exigências que as gerações atuais e futuras requerem para garantir a sua própria sobrevivência e vivência com a qualidade de vida e bem-estar que os recursos atuais permitem ter. Os padrões pelos quais nos regemos e as expectativas que todos os cidadãos têm para as suas vidas, que são felizmente cada vez mais prolongadas, são justos e devem continuar a ser elevados, dadas as condições que hoje existem e estão, teoricamente, ao dispor de todos. Estará na essência do ser humano redescobrir-se e, consequentemente, descobrir novos trajetos que irão garantir maior prosperidade na vida de cada um e, ao mesmo tempo, de todos. Este é o desígnio da nossa geração e, talvez, a maior transformação social a que alguma vez se assistiu.

REFERÊNCIAS

1. Frenk, J., Moon, S. (2013). Governance Challenges in Global Health. *N Engl J Med, 368*(10), 936–42.
2. Democracy Index 2022 (2023). Frontline democracy and the battle for Ukraine, The Economist Intelligence Unit.
3. Picciotto, R. (2015). *The 5th wave: social impact evaluation.* The Rockefeller Foundation.
4. World Health Organization (2018). Facing the future: opportunities and challenges for 21st-century public health in implementing the Sustainable Development Goals and the Health 2020 policy framework. Copenhaga, World Health Organization Regional Office for Europe.
5. Graeber, D., Wengrow, D. (2022). *O Princípio de Tudo — Uma Nova História da Humanidade.* Bertrand Editora.
6. Chomsky, N. (2016). *Quem Governa o Mundo?* Editorial Presença.
7. Smil, V. (2022). *Como o Mundo Realmente Funciona.* Editora CRITICA.
8. Enderlein, H., Wälti, S., Zürn, M. (2010). *Handbook on Multi-level Governance.* Edward Elgar Publishing.
9. Greer, S., Vasev, N., Jarman, H., Wismar, M., Figueras, J. (2020). *It's the governance, stupid! TAPIC: a governance framework to strengthen decision making and implementation.* Bruxelas, European Observatory of Health Systems and Policies.
10. McKeen, M. (2021). *Drawing light from the pandemic: a new strategy for health and sustainable development. A review of the evidence.* Bruxelas, European Observatory of Health Systems and Policies.
11. Krieger, N. (2008). Proximal, Distal, and the Politics of Causation: What's Level Got to Do With It? *Am J Public Health, 98*(2), 221–30.
12. Kickbusch, I., de Ruijter, A. (2021). How a European health union can strengthen global health. *Lancet Reg Health — Eur, 1,* 100025.

13. Peer, N., Kengne, A. (2021). Predators in the park: multinational corporates versus population health. *Lancet Glob Health, 9*(11), e1479–80.
14. Whitehead, M. (2007). A typology of actions to tackle social inequalities in health. *J Epidemiol Community Health, 61*(6), 473–8.
15. Damásio, A. (2011). *O Erro de Descartes — Emoção, razão e cérebro humano.* Temas e Debates.
16. Prainsack, B., Buyx, A. (2011). *Solidarity: reflections on an emerging concept in bioethics.* Londres, Nuffield Council on Bioethics.
17. Riaz, M., Ahmad, U., Mohan, A., Costa, A., Khan, H., Babar, M. *et al.* (2021). Global impact of vaccine nationalism during COVID-19 pandemic. *Trop Med Health, 49*(1), 101.
18. World Health Organization (2022). *European Union funding boosts COVID-19 vaccination in Africa.* Brazzaville, World Health Organization Regional Office for Africa.
19. Sabahelzain, M., Hartigan-Go, K., Larson, H. (2021). The politics of Covid-19 vaccine confidence. *Curr Opin Immunol, 71,* 92–6.
20. Damásio, A. (2017). *A Estranha Ordem das Coisas — A Vida, os Sentimentos e as Culturas Humanas.* Temas e Debates.
21. Campos, A., Simões, J. (2014). *40 Anos de Abril na Saúde.* Almedina.
22. Gilmore, A., Fabbri, A., Baum, F., Bertscher, A., Bondy, K., Chang, H. J. *et al.* (2023). Defining and conceptualising the commercial determinants of health. *The Lancet, 401*(10383), 1194–213.
23. Kickbusch, I, Allen, L., Franz, C. (2016). The commercial determinants of health. *Lancet Glob Health, 4*(12), e895–6.
24. Bache, I. (2012). Multi-Level Governance in the European Union. In Levi-Faur, D. (ed.), *The Oxford Handbook of Governance.* Oxford University Press.
25. Andrews, R. (2023). Do women leaders of nonprofit public service organisations help to reduce the gender pay gap? *Policy Polit, 51*(2), 206–30.
26. McArthur, J., Rasmussen, K. (2017). What would US cuts to the UN look like? *Brookings.*
27. McFarlane, I. (2023). *State of the World Population.* United Nations Population Fund.
28. Sachs, J., Kroll, C., Lafortune, G., Fuller, G., Woelm, F. (2022). *Sustainable development report 2022.* Cambridge, Cambridge University Press.
29. Theresa, N. (2023). 2 Years of Turmoil: Myanmar's Spiraling Civil War. *The Diplomat.*
30. Killeen, O., Davis, A., Tucker, J., Meier, B. (2018). Chinese Global Health Diplomacy in Africa: Opportunities and Challenges. *Glob Health Gov Sch J New Health Secur Paradigm, 12*(2), 4–29.

31. Kickbusch, I., Nikogosian, H., Kazatchkine, M., Kökény, M. (2021). *A Guide to Global Health Diplomacy*. Global Health Centre.
32. Edelman (2023). *2023 Edelman Trust Barometer. Global Report*. Edelman Trust Institute.
33. European Union Member States (2007). Treaty of Lisbon amending the Treaty on European Union and the Treaty establishing the European Community, signed at Lisbon. *Official Journal of the European Union*, C 306/1, 283.
34. World Bank (2020). *Life expectancy at birth, total (years) — High income*. World Bank, DataBank.
35. United Nations (2015). *Transforming our world: the 2030 Agenda for Sustainable Development*. Nova Iorque, General Assembly A/RES/70/1.
36. Schalkwyk, M., Zenone, M., Maani, N., Petticrew, M., McKee, M. (2022). Back to our roots or sowing new seeds: thinking anew on the paradigms of health, harm and disease. *J Public Health, 44*(Supplement_1), i28–33.
37. Organisation for Economic Co-operation and Development (2022). *Health at a Glance: Europe 2022: State of Health in the EU Cycle*. Paris, OECD Publishing.
38. Organisation for Economic Co-operation and Development (2023). *Ready for the Next Crisis? Investing in Health System Resilience*. Paris, OECD Publishing.
39. Hussain, Z., Schalkwyk, M., Galea, S., Petticrew, M., Maani, N. (2023). A qualitative framing analysis of how firearm manufacturers and related bodies communicate to the public on gun-related harms and solutions. *Prev Med, 166*, 107346.
40. Maani, N., Abdalla, S., Galea, S. (2020). The Firearm Industry as a Commercial Determinant of Health. *Am J Public Health, 110*(8), 1182–3.
41. Silva, C. (2019). *O Papel dos Media no Sentimento de Insegurança: Um Estudo Qualitativo*. Porto, Faculdade de Direito, Universidade do Porto.
42. Figueiredo, A., Figueiredo, D., Gomes, L., Massuda, A., Gil-García, E., Vianna, R. *et al.* (2020). Social determinants of health and COVID-19 infection in Brazil: an analysis of the pandemic. *Rev Bras Enferm, 73*(suppl 2), e20200673.
43. Holmdahl, I., Buckee, C. (2020). Wrong but Useful — What Covid-19 Epidemiologic Models Can and Cannot Tell Us. *N Engl J Med, 383*(4), 303–5.
44. Song, R., Han, B., Song, M., Wang, L., Conlon, C., Dong, T. *et al.* (2020). Clinical and epidemiological features of COVID-19 family clusters in Beijing, China. *J Infect, 81*(2), e26–30.
45. Karabulut, G., Zimmermann, K., Bilgin, M., Doker, A. (2021). Democracy and COVID-19 outcomes. *Econ Lett, 203*, 109840.

46. Wagschal, U. (2022). The influence of democracy, governance and government policies on the COVID-19 pandemic mortality. *Eur Policy Anal, 8*(2), 231–47.
47. Mao, F. (2022). China abandons key parts of zero-Covid strategy after protests. *BBC News.*
48. World Health Organization (2021). Fact sheets — Malnutrition, Geneva. World Health Organization.
49. Schmidt, D. (2022). *Summary for Policymakers: Climate change 2022: Impacts, Adaptation and Vulnerability. Contribution of Working Group II to the Sixth Assessment Report of the Intergovernmental Panel of Climate Change.* IPCC.
50. Gherman, C. (2012). Maslow pyramid-Possible interpretation, *Int J Learn Dev, 2*(1), 581–92.
51. Tulchinsky, T. (2018). John Snow, Cholera, the Broad Street Pump; Waterborne Diseases Then and Now. *Case Stud Public Health,* 77–99.
52. Mackenzie, D., Pearl, J. (2019). *O Livro do Porquê.* Temas e Debates.
53. Gomes, S. (2011). *Criminalidade, Etnicidade e Desigualdades. O crime nos reclusos dos PALOP, Leste Europeu e de etnia cigana e as perceções dos guardas prisionais e dos elementos da direção técnica acerca deles.* Braga, Repositório Institucional da Universidade do Minho.
54. Kaneda, T., Haub, C. (2022). How Many People Have Ever Lived on Earth?, Washington D.C. *Population Referece Bureau.*
55. Aragues, J. (2023). Karl Marx. A Luta de Classes como Motor da História. *National Geographic História, 6.*
56. Kindig, D., Stoddart, G. (2003). What is population health? *Am J Public Health, 93*(3), 380–3.
57. Rose, G. (2001). Sick individuals and sick populations. *Int J Epidemiol, 30*(3), 427–32.
58. Sirleaf, E., Clark, H. (2021). *Losing time: End this pandemic and secure the future.* The Independent Panel for Pandemic Preparedness and Response.
59. West, R., Marteau, T. (2013). Commentary on Casswell (2013): The commercial determinants of health. *Addiction, 108*(4), 686–7.
60. Hervey, T. (2007). EU law and national health policies: problem or opportunity? *Health Econ Policy Law, 2*(1), 1–6.
61. Heymann, D., Chen, L., Takemi, K., Fidler, D., Tappero, J., Thomas, M. *et al.* (2015). Global health security: the wider lessons from the west African Ebola virus disease epidemic. *The Lancet, 385*(9980), 1884–901.
62. Affairs UD of E and S (2019). *World Urbanization Prospects: The 2018 Revision.* Nova Iorque, The United Nations.
63. Kontis, V., Bennett, J., Rashid, T., Parks, R., Pearson-Stuttard, J., Guillot, M. *et al.* (2020). Magnitude, demographics and dynamics of the

effect of the first wave of the COVID-19 pandemic on all-cause mortality in 21 industrialized countries. *Nat Med, 6*(12), 1919–28.

64. ALLEN, L., WIGLEY, S., HOLMER, H. (2021). Implementation of non-communicable disease policies from 2015 to 2020: a geopolitical analysis of 194 countries. *Lancet Glob Health, 9*(11), e1528–38.
65. GLASGOW, S., SCHRECKER, T. (2015). The double burden of neoliberalism? Noncommunicable disease policies and the global political economy of risk. *Health Place, 34*, 279–86.
66. PAICHADZE, N., WERBICK, M., NDEBELE, P., *Bari*, I., HYDER, A. (2020). Commercial determinants of health: a proposed research agenda. *Int J Public Health*, 2020, *65*(7), 1147–9.
67. BUSKENS, E., VOGT, T., LIEFBROER, A., REIJNEVELD, M., BULTMANN, U., HENKENS, K. *et al.* (2019). Healthy Ageing: Challenges and Opportunities of Demographic and Societal Transitions. In Dijkman, B., Mikkonen, I., Roodbol, P. (eds.) *Older People: Improving Health and Social Care*, Springer, 9–31.
68. EVEREST, G., MARSHALL, L., FRASER, C., BRIGGS, A. (2022). *Addressing the leading risk factors for ill health*. The Health Foundation.
69. GHEBREYESUS, T. (2023). Achieving health for all requires action on the economic and commercial determinants of health. *The Lancet, 401*, 10383, 1137–1139.
70. PAIXÃO, M., MIALON, M. (2019). Help or Hindrance? The Alcohol Industry and Alcohol Control in Portugal. *Int J Environ Res Public Health, 16*(22), 4554.
71. BHATTA, D., ADHIKARI, R. (2022). Conflict of interest and tobacco control: Why does it matter? *Tob Prev Cessat, 8*, 16.
72. PATTEMORE, P., EDWARDS, R. (2022). Tobacco company funding and conflict of interest. *The Lancet, 400*(10349), 356.
73. PISINGER, C., GODTFREDSEN, N., BENDER, A. (2019). A conflict of interest is strongly associated with tobacco industry–favourable results, indicating no harm of e-cigarettes. *Prev Med, 119*, 124–31.
74. CORVALÁN, C., HALES, S., MCMICHAEL, A. (2005). *Ecosystems and human well-being: health synthesis*. Geneva, World Health Organization.
75. WORLD HEALTH ORGANIZATION, REGIONAL OFFICE FOR EUROPE (2008). The Tallinn Charter: Health Systems for Health and Wealth, World Health Organization. Regional Office for Europe.
76. MCKEE, M., KRENTEL, A. (2022). *Issues in Public Health: Challenges for the 21st Century*. McGraw-Hill Education.
77. KEYES, K., GALEA, S. (2015). What matters most: quantifying an epidemiology of consequence. *Ann Epidemiol, 25*(5), 305–11.

78. Arnold, R., Wade, J. (2015). A Definition of Systems Thinking: A Systems Approach. *Procedia Comput Sci, 44*, 669–78.
79. Appleby, J. (2013). *Spending on health and social care over the next 50 years: why think long term?* The King's Fund.
80. Ibatova, A., Kuzmenko, V., Klychova, G. (2018). Key performance indicators of management consulting. *Manag Sci Lett, 8*, 475–82.
81. Sabath, R., Kubr, M. (1977). Management Consulting, a Guide to the Profession. *J Mark Res, 14*(3), 422.
82. Abimbola, S., Negin, J., Jan, S., Martiniuk, A. (2014). Towards people-centred health systems: a multi-level framework for analysing primary health care governance in low- and middle-income countries. *Health Policy Plan, 29*(suppl 2), ii29–39.
83. Greer, S., Jarman, H., Baeten, R. (2016). The New Political Economy of Health Care in the European Union: The Impact of Fiscal Governance. *Int J Health Serv, 46*(2), 262–82.
84. Halfon, N., Long, P., Chang, D., Hester, J., Inkelas, M., Rodgers, A. (2014). Applying a 3.0 transformation framework to guide large-scale health system reform. *Health Aff, 33*(11), 2003–11.
85. Adisa, O., McManus, S. (2023). Community mental health through a complex systems lens. *Lancet Public Health, 8*(6), e392–e393.
86. Breuer, E., Lee, L., Silva, M., Lund, C. (2015). Using theory of change to design and evaluate public health interventions: a systematic review. *Implement Sci, 11*(1), 63.
87. Sunol, R., Garel, P., Jacquerye, A. (2009). Cross-border care and healthcare quality improvement in Europe: the MARQuIS research project. *Qual Saf Health Care, 18*(Suppl 1), i3–7.
88. Barros, P. (2019). *Economia da Saúde*. Almedina.
89. Shroff, Z., Marten, R., Hanson, K. (2022). *Systems for health: everyone has a role: flagship report of the Alliance for Health Policy and Systems Research*. Geneva, World Health Organization.
90. Batenburg, R. (2015). Health workforce planning in Europe: Creating learning country clusters. *Health Policy, 119*(12), 1537–44.
91. Leeman, J., Baquero, B., Bender, M., Choy-Brown, M., Ko, L., Nilsen, P. *et al.* (2019). Advancing the use of organization theory in implementation science. *Prev Med, 129*, 105832.
92. Fernandes, Ó., Lopes, S., Marques, A., Moita, B., Sarmento, J., Santana, R. (2019). Local Health Units in Portugal: The Influence of Chronic Conditions on Inpatient Readmissions. *Port J Public Health, 37*(2–3), 91–9.
93. Cruz, J., Escanciano, S., Marcos, A. (2022). Local health units: A vertical integration model of health care. *Rev Enferm Ref.*

94. Bardsley, M. (2013). *Evaluating integrated and community-based care.* Nuffield Trust.

95. Kodner, D. (2009). All Together Now: A Conceptual Exploration of Integrated Care. *Healthc Q, 13*(sp), 6–15.

96. Beaglehole, R., Poz, M. (2003). Public health workforce: challenges and policy issues. *Hum Resour Health, 1,* 1–7.

97. World Health Organization (2022). *National workforce capacity to implement the essential public health functions including a focus on emergency preparedness and response: roadmap for aligning WHO and partner contributions.* Geneva, World Health Organization.

98. Avgerinos, E., Koupidis, S., Filippou, D. (2004). Impact of the European Union enlargement on health professionals and health care systems. *Health Policy, 69*(3), 403–8.

99. Bucher, A. (2022). Does Europe need a Health Union? *Bruegel.*

100. Evans, J., Grudniewicz, A., Baker, G., Wodchis, W. (2016). Organizational Context and Capabilities for Integrating Care: A Framework for Improvement. *Int J Integr Care, 16*(3), 15.

101. Amuasi, J., Walzer, C., Heymann, D., Carabin, H., Huong, L., Haines, A. *et al.* (2020). Calling for a COVID-19 One Health Research Coalition. *Lancet Lond Engl, 395*(10236), 1543–4.

102. Legemaate, J. (2002). Integrating health law and health policy: a European perspective. *Health Policy, 60*(2), 101–10.

103. Iton, A., Ross, R., Tamber, P. (2022). Building Community Power To Dismantle Policy-Based Structural Inequity In Population Health: Article describes how to build community power to dismantle policy-based structural inequity. *Health Aff, 41*(12), 1763–71.

104. Boll, C., Lagemann, A. (2014). *Gender pay gap in EU countries based on SES (2014).* Roma, Fondazione Giacomo Brodolini.

105. Ferrant, G. (2010). The Gender Inequalities Index (GII) as a new way to measure Gender Inequalities in Developing countries. *Proceedings of the German Development Economics Conference, Hannover 2010,* 20. Verein für Socialpolitik, Research Committee Development Economics.

106. Launoy, G., Coleman, M., Zadnik, V. (2021). Social environment and cancer in Europe, *Springer.*

107. Angulo, F., Finelli, L., Swerdlow, D. (2020). Reopening Society and the Need for Real-Time Assessment of COVID-19 at the Community Level. *JAMA, 323*(22), 2247.

108. Zhongming, Z., Linong, L., Xiaona, Y., Wangqiang, Z., Wei, L. (2022). AR6 synthesis report: Climate change 2022. *The Intergovernmental Panel on Climate Change.*

109. GOLDBERG, M. (2017). Chart of the Day: How the United States Funds the United Nations. Nova Iorque, United Nations Dispatch.
110. MIALON, M. (2020). An overview of the commercial determinants of health. *Glob Health, 16*(1), 74.
111. WORLD HEALTH ORGANIZATION (2023). Non communicable diseases. Geneva, World Health Organization.
112. MAGALHÃES, J., CORREIA, T., FRONTEIRA, I., SIDAT, M., BARROS, F., DANIEL-RIBEIRO, C. *et al.* (2022). *The Syndemic and One Health Nature of Pandemics: Arguments for Renewed Attention to Intelligence Management.* IGI Global.
113. FRONTEIRA, I., SIDAT, M., MAGALHÃES, J., BARROS, F., DELGADO, A., CORREIA, T. *et al.* (2021). The SARS-CoV-2 pandemic: A syndemic perspective. *One Health, 12,* 100228.
114. GOSTIN, L., TAYLOR, A. (2008). Global Health Law: A Definition and Grand Challenges. *Public Health Ethics, 1*(1), 53–63.
115. DARWIN, C. (2004). *On the origin of species.* Routledge.
116. MARIOTTI, H. (2000). *As paixões do ego: complexidade, política e solidariedade.* Palas Athena.
117. MORIN, E., LISBOA, E. (2007). Introdução ao Pensamento Complexo. Sulina.
118. GREER, S., FAHY, N., ROZENBLUM, S., JARMAN, H., PALM, W., ELLIOTT, H. *et al.* (2019). *Everything you always wanted to know about European Union health policies but were afraid to ask. Second, revised edition.* Copenhaga, European Observatory on Health Systems and Policies.
119. FRIEDMAN, T. (2017). *Obrigado pelo atraso: um guia otimista para sobreviver em um mundo cada vez mais veloz.* Editora Companhia das Letras.
120. EUROPEAN UNION. (2012). Charter of fundamental rights of the European Union. *Rev Int Aff, 63*(1147), 109–23.
121. GREER, S., HERVEY, T., MACKENBACH, J., MCKEE, M. (2013). Health law and policy in the European Union. *The Lancet, 381*(9872), 1135–44.
122. AMAYA, A., LOMBAERDE, P. (2019). Multi-level health governance and health diplomacy. *Reg Cohes, 9*(1), 86–92.
123. BROWN, M., BERGMANN, J., NOVOTNY, T., MACKEY, T. (2018). Applied global health diplomacy: profile of health diplomats accredited to the United States and foreign governments. *Glob Health, 14*(1), 2.
124. MCDOWELL, I., SPASOFF, R., KRISTJANSSON, B. (2004). On the Classification of Population Health Measurements. *Am J Public Health, 94*(3), 388–93.
125. ORGANISATION FOR ECONOMIC CO-OPERATION AND DEVELOPMENT (2019). *The Heavy Burden of Obesity: The Economics of Prevention.* Paris, OECD Publishing.